Nelli Löwen
Wo bleibt mein Prinz?

Über die Autorin

Nelli Löwen ist 28 und arbeitet bei der christlichen Initiative *Nightlight*. Sie engagiert sich vielfältig in der Jugendarbeit: im Vorstand des Jugendwerkes der FEG im Mittelhessenkreis und als Mitarbeiterin im Jugendkreis ihrer Gemeinde. Zu jungen Frauen hat sie einen besonders guten Draht und ist immer wieder als Referentin auf Mädchenfreizeiten und Mädchen-Events unterwegs. Sie ist Mitautorin des erfolgreichen Mädchen-Andachtsbuches „Unendlich geliebt".

Nelli Löwen

Wo bleibt mein Prinz?

Warum du Gott
voll und ganz vertrauen kannst

Für Jesus, der mein Herz höher schlagen lässt

Inhalt

Vorwort 9

Ungeküsst – und doch Prinzessin 13

Keine Macht den Schablonen! 16

Beweise grenzenloser Liebe Gottes 20

Das Leben ist ein Abenteuer 27

Schatzkiste auf zwei Beinen 31

Es gibt keine schönere Liebesgeschichte

als die zwischen dir und Jesus 34

Freundschaften sind goldwert 37

Ein Beruf: mehr als bloßes Geldverdienen 41

Zerplatzte Träume 45

Wie etwas in mir zerbrach 46

Mein Herz wird wieder heil 54

Tipps für das Leben im Single-Dschungel 63

Meine Sehnsucht wird größer –

aber nichts ist in Aussicht 64

Wie kann ich Geduld

beim Thema Partnersuche lernen? 69

Besser irgendeinen als keinen? 71

Kann es sein, dass Gottes Plan

für so viele Singles das Alleinsein ist? 73

Was tun, wenn man sich nach Sex sehnt? 84

Wer ist der Richtige für mich und

wie erkenne ich Gottes Willen? 89

Bete und er wird schon kommen. Oder? 93

Gibt es platonische Freundschaft? 94

Wo finde ich eigentlich einen Partner,
der Christ ist? 99

Singlebörse: Top oder Flop? 101

Verkupplung: Top oder Flop? 105

Speeddating: Top oder Flop? 109

Er hat mich zu einem Date eingeladen.
Soll ich zusagen? 111

Ist es wirklich nötig, dass der Partner Christ ist? 112

Ist eine Liste mit Eigenschaften von meinem
Traumpartner hilfreich für meine Partnerwahl? 116

Wie ähnlich muss der Traummann sein?
Sind Gegensätze hilfreich oder nicht? 118

Puh, es hat mich erwischt! Und nun? 123

Gott schreibt meine Lebensgeschichte 135

Vorwort

Ich bin Single. Immer noch. Ändert sich das irgendwann noch einmal? Geht da noch was? Hach. Warten kann furchtbar sein. Je länger ich warte, umso mehr vermisse ich das Ersehnte, umso größer wird der Wunsch. Die Sehnsucht. Der Traum ... nach Beziehung ... nach der wahren Liebe. Dann gibt es auf einmal Momente, in denen der Traum zumindest einen Zentimeter näher rückt. Und plötzlich zerplatzt er wieder. War das nur eine Fata Morgana? Warum kann ich den Traum nicht greifen? Warum haben immer nur andere Frauen das Glück? Ist irgendetwas falsch mit mir? Bin ich nicht ansprechend für Männer? Kennst du solche Gedanken? Ich schon. Immer wieder habe ich mir darüber den Kopf zerbrochen. Freundinnen als Trauzeugin durch den Tag ihrer Hochzeit begleitet. Meinen jüngeren Schwestern beim Vorbereiten ihrer Hochzeiten geholfen. Selbst gehofft. Gebetet. Gewartet. Wann ist es endlich soweit? Wie lange dauert es noch? Ich will doch auch einen Freund! Und das am liebsten sofort. Warum klappt das nicht mit der Liebe? Singlesein kann echt herausfordernd sein – und es hat so viele verschiedene Facetten. Vielleicht ein bisschen wie ein *Center Shoc*. Kennst du diesen lustigen Kaugummi? Er schmeckt sauer, zäh, süß, bitter. Ähnlich ist das Singledasein auch: ein Mix aus ganz unterschiedlichen Gefühlen und Emotionen, Gedanken und Erfahrungen. Unberechenbar, selbstbestimmt, schön, zerrissen, frei, leicht, schwer ...

Es war Abend und ich joggte wie gewohnt an dem kleinen idyllischen Bächlein, an Feldern und Pferdekoppeln vorbei. Es dämmerte schon, nur wenige Menschen waren noch draußen.

Ich ließ meinen Gedanken freien Lauf, als sich wie aus dem Nichts langsam ein Buchkonzept entwickelte und sich immer stärker festigte. Sofort hatte ich den Eindruck, dass ich meine Gedanken zu diesem Thema aufschreiben soll. Nein, ich wollte keinen Ratgeber à la „So findest du ihn" schreiben. Sondern ich hatte vielmehr vor, mit dir in ein ehrliches und offenes Gespräch unter Freundinnen einzusteigen. Ich wollte ein Buch schreiben, in dem ich mit meinen Leserinnen – also mit dir – zusammen die Glitzermomente im Singlesein feiern und die ätzenden Momente des Soloseins aushalten lerne. Ich wollte in meinem Buch Antworten suchen, ohne immer gleich eine Lösung parat haben zu müssen, mit dir auf der Couch lümmeln, Cappuccino trinken, über Männer und Liebe und Beziehungsbrüche reden.

Während ich dann an diesem Buch saß, habe ich immer wieder E-Mails an etwa dreißig Singlefrauen aus meinem weiteren Bekanntenkreis rausgeschickt. Ich war neugierig zu hören, wie sie das Singledasein empfinden und was ihnen in Herzschmerz-Zeiten geholfen hat. Ich wollte von ihnen erfahren, wie sie mit ihrer Sehnsucht nach Nähe und Sex umgehen, was sie von Partnerbörsen halten und wie sie ihre freie Zeit gestalten. Und ich muss sagen, dass es für mich ein großer Segen war, mich mit ihnen auszutauschen! Ich bin sehr berührt von dem Vertrauen, das sie mir entgegengebracht haben. Ehrlich und authentisch haben sie mir einen Einblick in ihr Herz gewährt. An passenden Stellen im Buch lasse ich immer wieder mal einige von ihnen zu Wort kommen. Ich hoffe, dass sie dich genauso wie mich inspirieren!

Jetzt freue ich mich, dass ich ein wenig Zeit mit dir verbringen kann. Auch wenn ich dich nicht persönlich kenne: Lass dich auf ein gutes und tiefes Gespräch ein, wie man es unter guten Freundinnen hat! Natürlich hat das in einem Buch so seine Grenzen, aber ich will dich ermutigen, dich zu öffnen und deine Gedanken fliegen zu lassen. Deiner eigenen Sehnsucht, deinem Frust und deinen Fragen Raum zu geben. Und dann können wir beide wieder hinausgehen und das Leben feiern. Die Liebe feiern. Gott feiern. Er ist gut und er meint es gut mit dir! Und mit mir. Auch dann, wenn es sich mal so ganz anders anfühlt. Ich freue mich darauf, mit dir ein wenig Zeit zu verbringen. Und hoffe, dass wir zusammen eine schöne Zeit haben.

Also: Mach es dir gemütlich. Darf es für dich ein Cappuccino sein?

Ungeküsst – und doch Prinzessin

Kein Prinz macht mich wertvoller,
als ich es jetzt schon bin.

Nelli Löwen

Oh, noch immer keinen Freund? Bemitleidende Blicke trafen mich. Immer wieder. Auf Verwandtschaftsfeiern. In der Kirche. Wenn ich Bekannten über den Weg lief. Wie habe ich das gehasst! Ich versuchte tough zu sein und zu vertrauen und mein Leben als Single mutig anzupacken und zu gestalten ... und dann: *zack* – eine nett gemeinte Frage, die mir aber in den falschen Hals rutschte. Eine Frage wie „Hast du denn keine Sehnsucht nach einem Mann?" konnte mich als sanguinisch veranlagte Frau[1] von einem Moment auf den anderen verärgern, zum Heulen bringen, zumindest aber meine gute Laune trüben. So was passierte mir häufig. Immer wieder wurde ich daran erinnert, dass mir zu meinem Glück scheinbar noch jemand fehlt: mein Partner. Erst dann würde mein Leben so richtig losgehen. Ja, dann hätte ich endlich ein lohnenswertes Ziel vor Augen: Ehe, Kinder, Familienglück. Ohne meinen Prinzen neben mir war ich eben Nelli ohne Anhang. Single. Alleine. Nicht verheiratet. Gefühlt halbwertig.

Anscheinend empfand nicht nur ich selbst diesen Status manchmal als großen Nachteil, nein, auch andere Menschen in meinem Umfeld gaben es mir deutlich zu verstehen. Und wenn ich dann gerade in einem Moment zu schwach war, um fröhlich drüberzustehen, passierte es wieder: Mein Selbstwert schrumpfte sekündlich. Ich stellte meinen Charakter und mein Aussehen in Frage. Ich dachte über Ursachen nach, warum ich immer noch keinen Mann an meiner Seite hatte. Und das Ergebnis dieses Grübelns war manchmal, dass ich mich selbst

....

1   Sanguiniker sind recht extrovertiert, oftmals emotionale Typen, die von einem Moment auf den anderen ihre Laune wechseln können.

anfeindete und mir selbst die giftigsten Pfeile entgegenschoss. *Ich bin bestimmt selber schuld! Ich bin wohl zu kompliziert, zu unsexy, zu langweilig.* Meine Sehnsucht nach einer Beziehung stand dann wieder mit in die Hüfte gestemmten Armen vor mir und grinste: „Ha, wer sagt es denn? Du kriegst niemanden ab. Guck dich doch mal an!" Geht es dir vielleicht manchmal ähnlich? Hast du gelegentlich den Eindruck, dass du nicht so wertvoll bist, weil du eben (noch) nicht dein Gegenstück gefunden hast? Dass in deinem Alter schon alle unter der Haube sind und scheinbar das perfekte, traumhafte Leben führen, wonach du dich so sehnst? Beschleicht dich auch manchmal das Gefühl, dass dein Wert irgendwann zur vollen Fülle gelangen wird, nämlich dann, wenn du dein Gegenstück gefunden hast und dann nur noch im Doppelpack mit ihm unterwegs sein wirst? *Never more alone! Immer an seiner Seite. Kein Ich, nur noch Wir. W wie wertvoll. Endlich! Das Leben macht endlich Sinn! Schlimm genug, dass so viel Zeit ins Land gezogen ist. Verpasste Zeit. Ungenutzte Zeit. Sinnlos.*

Moment! Was passiert hier gerade? Da schmuggeln sich Botschaften in unser Inneres und beschmutzen unser Herz, unsere sensible Seele. Es sind Botschaften, die uns andere Menschen oder die Gesellschaft vermitteln – und die wir uns allzu oft selbst einreden. Solche destruktiven Gedanken verhindern jedoch einen aufrechten Gang, sie hindern unsere Seele daran, aufrecht zu gehen. Ja, sie geben uns das Gefühl, versagt zu haben – im ganz großen Stil. Und das nur, weil wir der weitverbreiteten Meinung glauben, man könne nur mit einem Partner wirklich glücklich sein. Nancy Leigh DeMoss schreibt in ihrem

Buch „Lügen, die wir Frauen glauben"[2], dass viele Frauen verzweifelt nach Bestätigung und Anerkennung durch andere suchen. „Aber in den meisten Fällen", so sagt sie, „können noch so viele ‚Streicheleinheiten' die schmerzhaften negativen Bemerkungen nicht aufwiegen, die dazu geführt haben, sich für wertlos zu halten." Wir wollen in den Augen anderer erfolgreich sein und haben auch selbst den Anspruch an unser Leben, dass es in die Schablone passt: toller Mann, süße Kinder, erfüllender Beruf, Top-Aussehen. #läuftbeimir.

Keine Macht den Schablonen!

Doch warum machen wir unseren Wert von einer Schablone abhängig? Warum erlauben wir ihr, uns so viel Gestaltungsraum wegzunehmen, so viel Freiheit und so viele Chancen? Die Schablone engt uns ein. Sie taugt nicht dazu, etwas Lebendiges zu formen. Das Leben will leben, Platz haben, sich ausbreiten, atmen, Neues entdecken, experimentieren, unterwegs sein. Da ist eine Schablone nur hinderlich. Sie raubt uns den so wichtigen Freiraum, um zu wachsen – und um zu der Frau zu werden, die Gott sich vorgestellt hat, als er uns schuf. Doch wie werden wir diese hartnäckige Schablone los?

Ich bin davon überzeugt, dass Gott, unser Schöpfer, die längeren Hebel in der Hand hat. Es ist schwierig, die Schablone selbst zu entfernen, weil sie sich über Jahre in unseren Köpfen festgesetzt hat und wir ihr schon so lange glauben und uns an ihr orientieren. In der Bibel finden wir jedoch viele Hilfen, die uns wieder in unsere persönliche Freiheit führen können.

....
2   Nancy Leigh DeMoss: Lügen, die wir Frauen glauben, Chicago 2009.

Wenn wir Gottes Wahrheiten folgen und ihnen glauben, wird die Schablone in unseren Köpfen immer mehr verblassen und sich irgendwann ganz in Luft auflösen.

Die Bibel ist ein großartiger Lügendetektor. Sie hilft uns, die Lügen aus unserem Herzen zu entfernen – damit wir wieder mehr Kraft haben, unser Leben zur Freude Gottes zu gestalten.

„Wenn ihr in meinem Wort bleibt […] werdet ihr die Wahrheit erkennen, und die Wahrheit wird euch freimachen", sagt Jesus (Johannes 8,31–32; NGÜ). Frei von irgendwelchen Schablonen, die sich Menschen ausgedacht haben. Mit 18 einen Freund, mit 21 Jahren heiraten, mit 23 Jahren das erste Kind, mit 25 Jahren das zweite Kind, mit 27 Jahren das eigene Haus. Jesus will uns freimachen, damit wir mit seiner Hilfe unseren eigenen Weg entdecken und ihn fröhlich gestalten können. Auch an anderen Stellen in der Bibel ist davon die Rede, dass wir frei sein sollen. Paulus schreibt: „Wo der Geist des Herrn ist, da ist Freiheit. Ja, wir alle sehen mit unverhülltem Gesicht die Herrlichkeit des Herrn. Wir sehen sie wie in einem Spiegel, und indem wir das Ebenbild des Herrn anschauen, wird unser ganzes Wesen so umgestaltet, dass wir ihm immer ähnlicher werden und immer mehr Anteil an seiner Herrlichkeit bekommen (2. Korinther 3,17–18). Was für eine Verheißung!

Gottes Plan, wie die Schablone aus unseren Köpfen entfernt werden kann, ist also der: *Schau auf mich und lass dich von mir umgestalten.* Indem wir wieder und wieder die biblischen

Wahrheiten in unser Herz lassen, werden unsere Gedanken und Einstellungen korrigiert. Die Bibel ist ein großartiger Lügendetektor. Sie macht uns auf das aufmerksam, was nicht der Wahrheit entspricht, und hilft uns, die Lügen aus unserem Herzen zu entfernen – damit wir wieder mehr Kraft haben, unser Leben zur Freude Gottes zu gestalten. Gott offenbart uns in seinem Wort, was er über uns denkt und welchen Wert wir in seinen Augen haben. In Jesus Christus haben wir eine ganz neue Identität. Schablonen, die unser Leben bestimmen wollen, sind nicht in seinem Sinne. Er, der selbst die Freiheit proklamiert, wünscht sich, dass wir in seiner Gegenwart immer mehr Freiheit schmecken und unsere Identität in ihm entdecken.

Himmlische Ermutigungen

Noch bevor ich dich im Leib deiner Mutter entstehen ließ, hatte ich schon meinen Plan mit dir. Noch ehe du aus dem Mutterschoß kamst, hatte ich bereits die Hand auf dich gelegt.
Jeremia 1,5

Du bist wunderbar und einzigartig gemacht.
Psalm 139,14

Christus hat dich befreit; er will, dass du jetzt auch frei bleibst. Steh also fest und lass dich nicht wieder ins Sklavenjoch einspannen!
nach Galater 5,1

Denn Gott hat dir nicht einen Geist der Ängstlichkeit gegeben, sondern den Geist der Kraft, der Liebe und der Besonnenheit.

nach 2. Timotheus 1,7

Mein Plan mit dir steht fest: Ich will dein Glück und nicht dein Unglück. Ich habe im Sinn, dir eine Zukunft zu schenken, wie du sie erhoffst. Das sage ich, der Herr.

nach Jeremia 29,11

Alle Zeiten deines Lebens sind in deiner Hand.

Psalm 31,16; NGÜ

Wenn ich gerade traurig darüber bin, dass ich noch alleine bin, unterhalte ich mich intensiv mit Jesus. Wir gehen spazieren oder ich schreibe ihm einen Brief und lasse Jesus einfach an meinem Leben teilhaben. Und es ist unglaublich: Häufig sind gerade diese ganz sensiblen Momente, in denen ich ihm von meinem Hunger nach Liebe und nach einer Beziehung erzähle, richtige Gottesmomente. In meiner Verzweiflung gibt er mir Wasser zu trinken, das meinen Durst nach Liebe auf viel tieferer Ebene löscht. Die ungestillte Sehnsucht, die mich zu Gott treibt, wird anders, aber auf wundersame Art und Weise von ihm gestillt. Er gibt mir Wasser, das meinen Durst wirklich löscht. Das Singlesein ist meine Chance, immer wieder in Gottes Armen nach Liebe und Annahme zu suchen und sie bei Gott zu bekommen.

Carolin[3] habe ich bei einer Freizeit auf Korsika kennengelernt. Sie verriet mir, dass sie ein kleines Plüschtier besitzt, das von ihr schon völlig zerknautscht und zerknuddelt ist. Ihr Kuschelmarienkäfer trägt den amüsanten Namen Ullifurz. Er ist ihr stetiger Begleiter, schon seitdem sie Kind war. Sicher ist das Stofftier in den Augen anderer ziemlich unansehnlich und reif für die Mülltonne, weil es nicht mehr gut riecht und teils undefinierbare Flecken hat. Doch in den Augen von Carolin ist es eben Ullifurz, ihr liebstes Kuscheltier, das überall mit muss. Weil alles mit Ullifurz so viel schöner ist. Ich weiß, dass Gott jeden Menschen noch viel mehr und intensiver liebt als Carolin ihren Ullifurz. Gott hat eine leidenschaftlich große Sehnsucht nach uns. Mit uns will er alt werden. (Wenn man das überhaupt von einem ewigen Gott sagen kann.)

Beweise grenzenloser Liebe Gottes

Du bist eine Kostbarkeit des Schöpfers. Er hat dich ausgedacht, dich geschaffen. Er hat sich genau überlegt, wie er dich haben will – angefangen von deinem Aussehen, deinem Temperament, deiner Persönlichkeit, bis hin zu deinen Talenten, deinen Stärken und Schwächen. Du bist nicht *irgendeine* Frau. Du bist ein kostbares und kreatives Schöpfungsprojekt Gottes. Weil du von Meisterhand geschaffen bist, bist du wertvoll. Ganz egal, was andere Menschen über dich sagen. Ganz egal, ob du etwas Glänzendes am Ringfinger trägst oder nicht. Ganz egal, ob du viele Einladungen zu Dates bekommst oder schon jahrelang nicht mehr mit einem Mann ausgegangen bist. Dein Wert hängt von

....
3 Realer Name ist der Autorin bekannt.

keinem Status und von keiner Meinung anderer ab. Du bist unendlich wertvoll. Wenn du anfängst, die Liebe Gottes in deinem Herzen zuzulassen, wird sie deinen Hunger nach Liebe und Bedeutung stillen. Du wirst unabhängig von der Meinung anderer Menschen. Und gleichzeitig abhängig von deinem Schöpfer, der dich anschaut und voller Freude strahlt, wenn er dich sieht. Du bist für ihn unersetzlich. Seine Gedanken und Worte über dein Leben bringen dein Leben zum Strahlen; sie sorgen für Stärke und die feste Gewissheit in deinem Herzen, geliebt und wertvoll zu sein.

Gottes grenzenlose Liebe zu uns können wir in ganz besonderer Weise in der altbekannten Weihnachtsgeschichte entdecken (siehe Lukas 2). Jesus, der Sohn Gottes, wurde als schwaches, hilfloses Baby geboren. Er ließ sich freiwillig ins piksende Stroh legen, in einem Raum, der nach Tier und Kacke riecht. Nicht gerade sehr einladend. Warum er das tat? Weil du und ich wertvoll sind. Allein das war der Grund dafür, dass er den Himmel verließ und sich in die schäbigste Hütte begab. Mit seiner Ankunft in unserer Welt startete er seine schier unglaubliche Rettungsodyssee für dich und mich. Damit hatte er uns schon von Anfang an mit dem Prädikat „wertvoll" etikettiert. Du bist es ihm wert. Vielleicht beginnst du langsam zu erahnen, welchen Wert du durch Jesus Christus hast. Vielleicht hilft dir das, dich an Jesus zu hängen – und an das, was er aus Liebe zu dir für dich getan hat –, um zu verstehen, wie groß dein Wert durch ihn ist.

In der Bibel gibt es noch einen weiteren Beweis dafür, dass du so wertvoll bist. Und dieser Beweis ist so wunderschön und gleichzeitig so grausam. Jesus trägt den nahezu fanatischen

Wunsch in seinem Herzen, mit dir für immer zusammen zu sein. Nichts kann ihn aufhalten, diesen Wunsch in die Realität umzusetzen. Die Leidenschaft nach dir puscht ihn, treibt ihn an. Kein Opfer ist ihm zu groß. Er lässt sich auf brutalste Art und Weise kreuzigen. Und stirbt qualvoll am Kreuz. Vielleicht hast du das schon unendlich viele Male gehört, aber irgendwie hat es dich bisher nicht so richtig tief in deinem Inneren berührt.

Nimm dir doch gerade jetzt einmal ganz bewusst eine Zeit, in der du dir die Passage der Kreuzigung in der Bibel (Lukas 23) noch einmal langsam und ganz bewusst durchliest. Lasse diese Liebestat Gottes in dein Herz fallen. Mach dein Kopfkino an, während du die Kerngeschichte des Christentums in dich aufnimmst. Lass doch einmal deine Fantasie sprudeln und stelle dir die verschiedenen Szenen in vielen Bildern vor. Was hört Jesus, während er am Kreuz hängt? Was schmeckt er? Was geht ihm durch den Kopf? Was motiviert ihn? Was bricht ihm sein Herz?

Vielleicht bist du nicht der Typ, der sich fantasievoll Geschichten ausmalen und vorstellen kann. Dann gucke dir doch den Film „Die Passion Christi" von Mel Gibson an. Ein imposantes Werk, wie ich finde, das Gottes Liebe prächtig inszeniert. Versuche, beim Lesen oder beim Schauen immer wieder daran zu denken: Jesus hat alles aus nur einem einzigen Grund gemacht. Er will dich. Er ist verrückt nach dir. Er liebt dich. Mit dir, dem Menschen, den er selbst geschaffen hat, will er für immer verbunden sein. Mit dir ganz persönlich. Nicht, weil du gerade einen Freund hast oder weil du gerade Mutter geworden bist. Sondern, weil *du du* bist. Unersetzlich. Wertvoll. Ein Meisterstück.

Was macht das mit dir?

Ganz egal, ob dein Selbstbewusstsein schon seit deiner Kindheit nicht das stärkste war oder ob eine Situation in deinem Leben zu einem schwachen Selbstwertgefühl geführt hat – Jesus kann es heilen, wenn du es zulässt. Wenn du deinen Schmerz zugibst und ihn bittest, die Wunde zu heilen. Wer im Herzen heil ist und mit sich selbst im Reinen, der strahlt das auch aus. Ein geheilter Selbstwert hat Auswirkungen auf alle Bereiche im Leben. Davon hängt ab, wie ich mit anderen Menschen umgehe. Wie mutig ich im Beruf bin. Wie entschlossen ich meinen Weg gehe. Wie viel Freude ich in meinem Alltag erlebe. Wie genussfähig ich bin. Welche Ausstrahlung ich habe. Und vieles mehr. Selbstwert hat so viel mit der Zufriedenheit im Leben zu tun. Deswegen lohnt es sich, diesem Thema im eigenen Leben auf die Spur zu kommen und Gottes Liebe da hineinzulassen. Wenn nötig, auch gemeinsam mit einer Seelsorgerin.

Ich lebe nicht, um zu heiraten und Kinder zu bekommen. Ich lebe, um Gott mit meinem Leben Freude zu machen.

Ich selbst hatte sehr lange Zeit mit Selbstwertproblemen zu kämpfen. Schon als Teenager machte ich meinen Wert von meinem Äußeren abhängig. Mein Wert wurde unter anderem durch die Zahl auf der Waage bestimmt. Irgendwann kam auch das Ding mit dem Partner dazu. Alle um mich herum schienen zu heiraten. Sogar meine jüngeren Schwestern wurden schon zum Altar geführt, um dort in den Bund der Ehe zu treten. Was war mit mir los? *Gott, hast du mich vergessen?*, betete ich. Immer wieder war es in dieser Zeit für mich dran, mit Gott zu sprechen und mich von ihm daran erinnern zu lassen, dass mein Wert unabhängig von Leistung, Aussehen oder Beziehungsstatus ist. Leider kann ich an dieser Stelle nicht sagen, dass mein Selbstwert mit einem Fingerschnippen geheilt wurde. Es war ein langsamer, manchmal auch sehr langsamer Prozess, in dem ich in kleinen Schritten Gottes Liebe annehmen und sie in meinem Leben zulassen konnte. Immer wieder hat Gott mir in Veranstaltungen, durch Musik, durch Menschen, die Natur und vieles mehr zugeflüstert, dass er mich liebt und ich ihm so viel bedeute. Diese Liebesbotschaften wurzelten dann mit der Zeit in meinem Herzen. Auch wenn meine Gefühle mir manchmal etwas anderes eintrichtern wollten, lernte ich, der Wahrheit zu glauben – und ihr in meinen Gedanken und in meinem Herzen Raum zu geben. Mit Hilfe der Wahrheit gelang es mir schließlich immer besser, meine eigenen Gefühle zu filtern und, wenn diese negativ waren, abzuschütteln. Trotzdem bin ich auch weiterhin noch auf dem Weg zu einem gefestigten Selbstwert. Wenn er gelegentlich anfängt zu bröckeln (zum Beispiel, wenn ich meine Tage habe und die Hormone verrücktspielen), weiß ich, dass ich damit zu Jesus gehen kann. Er hat mich geschaffen. Er versteht mich besser als jeder andere Mensch auf der Welt und er kann meiner starken Selbstkritik am besten begegnen. Wenn mein Selbstwert wächst, sehe ich klarer. Ich löse mich von mir selbst und verstehe, dass es nicht um mich, sondern um Gott geht. Ich lebe nicht, um zu heiraten und um Kinder zu bekommen. Ich lebe, um Gott mit meinem Leben Freude zu machen.

Gebet um ein starkes Selbstwertbewusstsein

Jesus,

warum ist es eigentlich so schwer, sich selbst anzunehmen und zufrieden zu sein? Warum treffen mich ständig giftige Pfeile? Ich möchte wieder glauben, dass ich (d)eine Königstocher bin. Wertvoll. Würdig. Liebenswert. Weil du mich liebst. Dass ich kraftvoll bin, weil du mir Stärke verleihst. Geerdet, weil du mich in dir verwurzelst. Vater, ich bete zu dir, dass du den Kern meines Herzens mit ganz viel Liebe einhüllst. Ich will meinen Wert nicht mehr an meinem Beziehungsstatus oder meiner Leistung oder meinem Aussehen festmachen. Ich will meinen Wert allein in dir verankern. Fülle meinen Liebestank doch bitte immer wieder auf! Ich brauche deine Liebe so sehr. Du bist mein Gott. Bitte begegne mir und liebe mich.

Deine Tochter

Ich will dich dazu ermutigen, dich bewusst auf den Weg zu einem starken Selbstwert zu machen. Das Wichtigste ist eben zu wissen, dass du zu Gott gehörst. Er sagt dir in Jesaja 43,1: „Ich habe dich erlöst; ich habe dich bei deinem Namen gerufen; du bist mein!" Entdecke die Freiheit in Christus. Diese Freiheit rettet dich aus Gedankenkäfigen, löst dich von Ketten der Selbstzweifel und lädt dich ein zu fliegen. Und dann: Fliege tatsächlich los! Dein Leben – dein Abenteuer mit Jesus – wartet auf dich.

Das Leben ist ein Abenteuer

Dein Leben ist ein Geschenk Gottes
an dich! Was du daraus machst, ist
ein Geschenk von Gott.

Leo Bigger

J eder Weg im Leben, der anders verläuft, als man sich das gewünscht hatte, ist eine Einladung von Gott, ihm zu vertrauen und gemeinsam mit ihm das Abenteuer zu erleben, einen ganz neuen Weg zu entdecken, der bis dato noch gar nicht im gedanklichen Spielraum existiert hat. Diese Lektion habe ich irgendwann in meinem Leben verstanden – auch wenn es etwas gedauert hat.

Ich bin sehr beziehungsorientiert und hatte die meiste Zeit in meinem Leben richtig viele Freundschaften, sowohl mit Mädels als auch mit Jungs. Und natürlich war das andere Geschlecht für mich sehr interessant. Mit 14 Jahren hatte ich meine erste Beziehung, die allerdings nur zwei Monate gehalten hat. Bei den nächsten Versuchen war ich 18 beziehungsweise 20 Jahre alt. Keine dieser Beziehungen hielt jedoch länger als wenige Wochen und immer wieder stellte ich mich persönlich infrage: Warum klappt es nicht? Bin ich nicht beziehungsfähig? Ist etwas falsch mit mir?

Meine Freundinnen und meine jüngeren Schwestern dagegen schienen überhaupt kein Problem mit dem Thema zu haben. Sie kamen mit netten Männern zusammen und nach rund zwei Jahren heirateten sie. Alles verlief stets bilderbuchmäßig. So, wie es sich kleine Mädchen erträumen. Grob gesagt hatten die meisten von ihnen mit 18 einen Freund, mit 20 traten sie in den Bund der Ehe und mit 22 Jahren bekamen sie das erste Kind. Eigentlich ganz einfach, oder?

Für andere schon. Bei mir lief es nicht nach diesem Schema ab. Und weil ich mir auch keinen Traummann backen konnte, fühlte ich mich ein wenig wie in einer Sackgasse. Mein Leben war zwar toll, ich hatte nette Freunde, eine gute Gemeinde, schöne Aufgaben und auch einen guten Job. Aber das alles machte mich nicht satt. In meinem Herzen wuchs zart und langsam die Ahnung, dass Gott mit mir erst einmal einen anderen Weg gehen will als den, den ich mir immer schon ausgemalt hatte. Ich fing an zu glauben, dass Gott mit mir einen anderen Traum für mein Leben hat, als ich ihn bis dahin geträumt hatte.

Und ich war fest entschlossen, diesem Traum auf die Schliche zu kommen – und damit dem Leben, das zu *mir* passt und auf *mich* zugeschnitten ist.

Mittlerweile sind fünf Jahre vergangen. Ich war zwei Jahre auf der Bibelschule und durfte eine Menge über Gott dazulernen. Ich habe in dieser Zeit vieles entdeckt, was Gott in mich hineingelegt hat. Leidenschaften, die mir bis dahin nicht bekannt waren. Talente, die bis dahin in mir geschlummert haben. Ich durfte mich neu damit beschäftigen, wer ich in Jesus bin und welche Gedanken Gott über mein Leben hat. Diese zwei Jahre haben meine Persönlichkeit gestärkt und ich habe an Selbstvertrauen dazugewonnen. Nach dieser für mich unglaublich prägenden Zeit bin ich der Spur des Schreibens gefolgt und habe bei einem christlichen Medienunternehmen eine zweijährige Ausbildung zur Online-Redakteurin gemacht. Auch diese Zeit war prägend für mich, weil ich sowohl fachlich als auch persönlich viel dazugelernt habe. Ich habe gelernt, wie man Interviews vorbereitet und durchführt, Reportagen anpackt, Berichte schreibt und vieles mehr. Ich habe aber auch gelernt, analytisch zu denken und Themen differenziert zu betrachten. Ich habe gelernt zu reflektieren und auch selbst gut mit Kritik umzugehen. Das hat meiner Persönlichkeit insgesamt sehr gutgetan. Rückblickend kann ich sagen, dass ich in den letzten Jahren die

Fähigkeit erworben habe, mich auf Herausforderungen einzulassen und mutig weiterzugehen. Ich kann mich jetzt gut auf ganz unterschiedliche Menschen einlassen, habe ein weites Herz bekommen – und bin mir dabei trotzdem treu geblieben. Ich bin dankbar für diesen Prozess des Wachsens, Entfaltens und Weiterkommens. Natürlich bin ich mir im Klaren, dass das nicht das Ende ist. Es geht weiter. Ich werde mich auch weiterhin auf diesen abenteuerlichen Weg einlassen und mich durch die Menschen und Situationen, denen ich begegne, prägen und verändern lassen. Dabei möchte ich mir immer gewiss sein, dass Gott selbst es ist, der mich in die Situationen einlädt und mich immer näher an sein Herz ziehen will. Ich kann rückblickend gar nicht sagen, wie glücklich ich bin, dass ich den Mut hatte aufzubrechen, um der Einladung Gottes in ein anderes Leben zu folgen. Es war nicht einfach, schließlich musste auch ich an Stolpersteinen vorbei. Aber es hat sich gelohnt. Wenn ich zurückdenke, kann ich nur sagen: Halleluja. Mann, ist das Leben mit Gott spannend. Ich will mehr davon! Heute ist mir so klar: Gott hat mein scheinbares Hindernis im Leben, Single zu sein, genutzt, um mich auf eine neue Fährte zu locken.

Ich glaube, dass Gott mit so vielen Singlefrauen einen verrückten, genialen Weg gehen will. Einen Weg, der sehr viel Segen bereithält.

Weil ich es selbst erlebt habe – und immer noch erlebe –, bin ich heute davon überzeugt, dass das Singlesein eine riesige Chance ist. Ich glaube, dass Gott mit uns einen verrückten, genialen Weg gehen will. Einen Weg, der sehr viel Segen bereithält. Für uns selbst und für viele andere Menschen, die mit uns zu tun haben.

So vielen jungen Singlefrauen gibt Gott die Einladung, sich auf seinen individuellen Weg – außerhalb unserer vorgefertigten Schablonen – zu begeben, um mit ihm das Leben zu feiern, zu schmecken, zu genießen. Doch jede Singlefrau muss selbst die Entscheidung treffen, ob sie sich für diesen neuen Weg öffnet, mutig Gottes Hand ergreift und mit ihm dieses Land betritt, oder ob sie an ihrem eigenen (manchmal sehr kleinen) Traum festhält und sich weigert, sich von Gott auf andere Weise beschenken zu lassen als mit einem Ehepartner. Also: Raus in die Weite oder zurück ins Schneckenhaus? Traust du Gott zu, dass er eine großartige Geschichte mit dir schreiben will oder zweifelst du an seiner Kompetenz? Ich möchte dich ermutigen: Trau dich aufzubrechen, um dein eigenes Potenzial zu entdecken und zu entfalten! Es geht um so viel!

Schatzkiste auf zwei Beinen

Ich bin davon überzeugt, dass jeder Mensch eine Schatzkiste auf zwei Beinen ist. Gott hat sich in jedem Menschen mit so viel Liebe und Kreativität verschwendet. Wir dürfen diese Schätze entdecken, ausgraben und gebrauchen. Wie ist das bei dir? Einige deiner Stärken kennst du vielleicht schon lange, andere wiederum sind noch unentdeckt. Vielleicht kommen sie erst ans Tageslicht, wenn du dir bewusst die Zeit nimmst, dich persönlich kennenzulernen. Bei mir bestand diese Mich-selbst-Kennenlernphase zum großen Teil aus der Zeit, die ich in meiner Gemeinde und auf der Bibelschule verbracht habe. Du brauchst vielleicht einen ganz anderen Rahmen, um mehr über

dich zu erfahren: eine Jüngerschaftsschule vielleicht, einen Frei-
willigendienst oder einen Umzug in eine ganz andere Gegend.
Vielleicht brauchst du aber auch einfach dein ganz vertrautes
Umfeld, in dem Menschen dein Potenzial entdecken und sich
in dich investieren und dich fördern. Hilfreich sind manchmal
auch Persönlichkeits- und Gabentests, die dir deine Augen für
dein Potenzial öffnen können. Wenn du Stärken an dir ent-
deckst, dann gebrauche sie. Denn dafür sind sie da. Lass nicht
zu, dass sie brachliegen. Das wäre so eine große Verschwen-
dung!

Nutze das, was du von Gott
geschenkt bekommen hast.

Dabei spielt es absolut keine Rolle, welche Stärken du hast. Es
gibt keine Rangliste; keine Stärke ist wertvoller als eine andere. Nutze das, was du von Gott geschenkt bekommen hast.
Und nutze es vielfach. Sei offen für die Not, die Gott dir aufs
Herz legt. Investiere dich in Flüchtlinge, Waisenkinder, einsa-
me Nachbarn, verfolgte Christen oder Jugendliche aus sozial
schwachen Familien. Mach dich stark gegen Menschenhandel,
für soziale Gerechtigkeit oder ein anderes Thema, das dein Herz
bewegt. Lass es zu, dass Not dich berührt, denn auch Gott lässt
die Ungerechtigkeit in der Welt nicht kalt. Wäre es so gewesen,
dann wäre er niemals für uns gestorben, dann hätten wir heute
noch keine Hoffnung auf ein Leben mit Gott. Natürlich: Es gibt
leider unbeschreiblich viel Not auf der Welt; an allen Ecken werden wir damit konfrontiert. Das kann uns schnell überfordern
und lähmen. Aber frage dich doch einmal ganz ehrlich, was

dein Herz berührt – und dann sei offen für die Möglichkeiten, die du antriffst. Und als Nächstes habe den Mut, dich auf den Weg zu machen. Sprich mit Menschen und erkundige dich, wie du dich mit deinen Talenten in dem ausgewählten Bereich investieren kannst.

Investiere Zeit und Geld in deine Stärken, damit sie bestmöglich gefördert werden. Wenn du eher praktisch veranlagt bist, bastele, dekoriere, stricke, häkle, nähe, male … und frage Gott, wo du dich mit deinem Talent konkret einbringen kannst – und wie du über deine Kreativität mit Menschen in Kontakt kommen kannst, die mit Jesus noch nichts zu tun haben. Gehe neue, kreative Wege, um deinen Nächsten (und damit auch Gott) zu dienen!

Hab dabei niemals Angst, groß zu denken. Wenn dir Aufgaben angeboten werden, die dir auf den ersten Blick zu groß erscheinen: Nimm sie trotzdem an. Denn daran wirst du wachsen. Gott träumt groß, wenn er an dich denkt. Er hat eine Menge mit dir vor und will dich als Hoffnungsträgerin in deinem Umfeld gebrauchen, egal, ob es deine Familie, die Uni, dein Freundeskreis oder deine Gemeinde ist. Wirf dich komplett in Gottes Arme und erlebe, dass er dich einen unglaublich genialen Weg führen wird. Da, wo deine Möglichkeiten am Ende sind, fangen seine erst an! Mach mit ihm Erfahrungen, die du nur auf unsicherem Boden machen kannst. Auch Petrus[4] musste seine Angst überwinden, als er seinen Fuß aufs Wasser stellte, um darauf zu laufen. Genauso musst auch du deine Komfortzone

....

4 Hier spreche ich von der Geschichte, in der Petrus aus dem Boot steigt und seinem Meister Jesus auf dem Wasser entgegenläuft, siehe Matthäus 14,22–33.

verlassen, um dich von Gott auf ganz neue Art und Weise gebrauchen zu lassen. Sei aufgeschlossen für seine verrückte Geschichte mit dir!

Es gibt keine schönere Liebesgeschichte als die zwischen dir und Jesus

Manchmal nervt es mich ganz schön, wenn ich zu hören bekomme: „Hey, du bist Single? Ach, nicht so schlimm. Die größte Liebe des Lebens ist doch ohnehin Jesus."

Hallo? Ich will einen Freund! Ich will jemanden an meiner Seite haben, den ich sehen, berühren, umarmen und küssen kann. Mit Jesus geht das leider nicht. Oder hast du das schon mal erlebt? Die Liebe zu Jesus und die Sehnsucht nach einem Partner sind eben nicht austauschbar. Egal, wie tief die Liebe zu Jesus ist: Man erlebt als Single immer wieder Momente, die einem den Boden unter den Füßen wegziehen wollen. Eben weil man sich alleine fühlt und sich nach einer Beziehung zu einem Mann sehnt. Ich glaube, das ist kein Zeichen für einen schwachen Glauben, sondern völlig normal. Gott hat die Sehnsucht nach einer Partnerschaft in uns hineingelegt. Es ist okay, wenn unser Herz hin und wieder mal wehtut und wir weinen, weil wir keinen Partner haben. Wir dürfen bei Gott total ehrlich und authentisch sein und ihn in unseren Schmerz mit hineinnehmen. Bei mir ist es so: Oft denke ich mir dann, dass es gerade für diese intensiven Zeiten so gut ist, dass ich Single bin. So ist Jesus mein erster Ansprechpartner und derjenige, mit dem ich in schwierigen Situationen zuallererst meine Zeit teile. Bei ihm kann ich mich einfach lieben lassen und auftanken. Andere rufen häufig zuerst ihren Freund an, um mit ihm das Thema durchzusprechen – anstatt zuerst mit Jesus zu reden. Irgendwie finde ich das schade. Ich möchte, dass Jesus immer meine erste Anlaufstelle bleibt, auch dann, wenn ich vergeben bin. Mache dir immer mal wieder bewusst, was für ein großes Potenzial deine Beziehung zu Jesus ist; schätze und genieße sie! Diese Beziehung kann durch dein Singlesein eine ganz besondere Tiefe bekommen.

Der wohl bekannteste Psalmdichter der Bibel, David, gibt in seinen vielen Songs einen sehr persönlichen Einblick in seine Gottesbeziehung. Er war recht sensibel und hielt Gott nicht außen vor. Wenn er vor Freude fast geplatzt ist, brachte er das in seinen Liedern zum Ausdruck. Wenn er depressive Stimmungen erlebte und kaum mehr Kraft für den nächsten Moment hatte, teilte er auch diese Gefühlslage mit seinem himmlischen Vater. Gott gehörte einfach wie der Sauerstoff zu David. Und das spürt man den Psalmen auch ab. Ja, es stimmt: Wir dürfen uns bei Gott ausheulen und unseren Frust von der Seele reden. Wir dürfen mit ihm lachen, das Leben feiern, weil wir so viel Grund dazu haben. Wir dürfen mit Gott auch schweigen und ihm in der Stille nahe sein. Es gibt immer wieder Momente in meinem Leben, da muss ich sofort mit Jesus reden. Sehr oft gehe ich dann in die Natur, setze mich auf eine bunte Blumenwiese und genieße einfach die Zeit, ruhe mich bei Gott aus und fange irgendwann an, mein Herz auszuschütten. An jedem Wohnort (ich bin schon ein paar Mal umgezogen) hatte ich immer mein Lieblingsplätzchen, wo ich Zeit mit Gott verbringen konnte. Und wenn alle Stricke reißen, geh ich raus, manchmal auch für einen ganzen Tag, um mit Jesus alleine zu sein.

Die Sache mit Jesus bleibt das Wertvollste und Beste, was wir jemals erfahren können.

Immer wenn ich aus meiner kleinen Welt raus- und in die Gegenwart Gottes hineinkomme, schöpfe ich so viel Trost, so viel Liebe, so viel Gnade. In der Vergangenheit war dafür ganz oft meine Sehnsucht nach einer Beziehung der Antrieb; sie trieb mich immer wieder zu Jesus hin. Ich glaube, dass das Singlesein eine große Chance ist, eine intensive und vertraute Beziehung zu Jesus aufzubauen. Ich erlebte jedenfalls, dass meine Gottesbeziehung dadurch mehr Tiefe gewann. Auch wenn ich mich manchmal zum Gottvertrauen regelrecht durchkämpfen musste, wusste ich ganz sicher: Jesus wird mich niemals enttäuschen. Er meint es immer gut mit mir, ganz egal, wie ich mich gerade fühle. Es ist so wichtig, die Situation nicht mitten im Chaos zu bewerten, sondern sie immer wieder an Jesus abzugeben und darauf zu vertrauen, dass er das Kind schon schaukeln wird. Er kann es und macht es auch – selbst wenn man das im Moment noch nicht erkennen kann. Und weil er so zuverlässig ist wie niemand sonst und eine so große Liebe zu mir empfindet, ist die Beziehung zu ihm eben doch die schönste Liebesgeschichte der Welt. Da kommt keine andere Lovestory ran! Die Sache mit Jesus bleibt das Wertvollste und Beste, was wir jemals erfahren können.

Ich möchte dich ermutigen: Feiere deine Beziehung zu Jesus. Gestalte diese Beziehung. Ich habe beispielsweise mal einen Kurzurlaub mit Gott gemacht und bin für zwei Tage an die Mosel gefahren, um intensiv Zeit mit Gott zu verbringen. Diesen Urlaub werde ich nicht vergessen. Er tat meiner Seele unbeschreiblich gut, weil ich einfach bei und mit Gott ausruhen und allen Stress beiseiteschieben konnte. Oder eine andere Idee: Triff dich bewusst auf ein Date mit Gott. Reserviere ihm in deinem Terminkalender und damit auch in deinem Leben Zeit, um ihn besser kennenzulernen und dich von ihm prägen zu lassen. Gehe mit ihm joggen, meditiere über einen Bibelvers, studiere die Bibel, fahre mit ihm Auto, singe, gehe in seiner Natur spazieren, mach dein Smartphone aus, genieße Gottesdienste. Er will dir begegnen, wenn du ihn lässt. Öffne dein Leben für Gott und lass dich von ihm beschenken!

Freundschaften sind goldwert

Jeder Mensch braucht Menschen an seiner Seite, mit denen er unterwegs ist. Wenn man einen Partner hat, regelt man viele Dinge mit ihm. Man gestaltet viel freie Zeit zusammen und stimmt sich terminlich ab. Wenn man noch keine Beziehung hat, ist das aber kein Grund, nicht auch in verbindliche Freundschaften zu investieren. Nutze dein zeitliches Potenzial, um viel mit Freunden zu unternehmen. Wenn dir gerade gute Freunde fehlen, weil viele eben nicht so viel Zeit haben, weil sie verheiratet sind oder Kinder haben, dann mache dich auf die Suche nach guten Freundschaften. Vielleicht ist ein neuer Hauskreis dran? Oder du besuchst mal eine neue Gemeinde bei dir in der Nähe, um dort auf neue Menschen zu treffen? Vielleicht lässt du dich auch bewusst auf Menschen ein, mit denen du bisher kaum etwas zu tun hattest? Warum nicht mal jemanden aus der Gemeinde einladen, ganz egal, ob er oder sie in deinem Alter ist? Auch Freizeiten sind eine gute Plattform, auf der du neue Freunde finden kannst.

Ich hatte schon immer sehr unterschiedliche Freundinnen. Freundinnen, mit denen ich sehr gut reden konnte. Andere Freundinnen, mit denen ich spontane Aktionen unternommen habe. Wieder andere, mit denen ich eher weitläufiger befreundet war, aber mit denen ich sporadisch tolle Gespräche hatte oder einfach zusammen lachen konnte. Jede Freundschaft ist so individuell und einzigartig, weil sie zwischen zwei Unikaten besteht und es daher diese eine Freundschaft kein weiteres Mal gibt. Allerdings kann man sich auch in Freundschaften verlaufen. Nämlich dann, wenn jemand mit mir befreundet sein will, ich aber nicht so viel Interesse an einer Freundschaft mit der Person habe – und dann nur ihr zuliebe Zeit mit ihr verbringe. Das sollte nicht so sein. Jede Freundschaft benötigt eine große Portion Ehrlichkeit, man sollte sich nichts vorspielen. Nur dann, wenn beide Personen sich freiwillig aufeinander einlassen, kann eine tolle Freundschaft entstehen.

Ich finde es wichtig, dass man nicht mit endlos vielen Menschen auf einer oberflächlichen Freundschaftsebene bleibt, sondern dass es tiefer geht. Nicht alle Freundschaften müssen dieselbe tiefe Gesprächsebene haben. Aber letztendlich ist es so wertvoll zu wissen, dass man auf die zwei oder drei Personen wirklich zählen kann, wenn es drauf ankommt. Dass man einige Freunde hat, die nicht nur für gemeinsames Feiern gut sind, sondern einem auch in harten Zeiten treu zur Seite stehen.

Mit guten Freunden kann man gemeinsam Sorgen tragen. Sich in schweren Zeiten ermutigen. Glücksmomente feiern. Freiheit genießen. Miteinander um Antworten ringen. Ehrlich einander den Spiegel vorhalten. Gute Freundschaften sind unbezahlbar! Und das steht und fällt auch mit keiner Heirat. Auch als verheiratete Frau sind gute Freundschaften unabdingbar. Da kann ich Phil Bosmans nur Recht geben, der einmal gesagt hat: „Blumen können nicht blühen ohne die Wärme der Sonne. Menschen können nicht Mensch werden ohne die Wärme der Freundschaft." Übrigens: Ich habe schon häufig die Erfahrungen gemacht, dass ich Gott um gute Freundschaften gebeten habe. Und einige Freundinnen sehe ich ganz klar als Gottes Geschenke an mich!

Fehlen dir gerade Freunde, mit denen du Pferde stehlen kannst? Hast du einige gute Bekannte, die du aber noch nicht als Freunde bezeichnen würdest? Dann gehe doch in diesem Bereich einen Schritt nach vorne. Rede mit Gott über deine Freundschaften. Zähle ihm doch mal die Menschen auf, die du wirklich magst und die dir wichtig sind. Und dann bitte ihn, dich mit guten Freundschaften zu segnen. Gott selbst liebt es, in Beziehung zu leben. Auf geheimnisvolle Weise lebt er bereits in sich selbst Beziehung: die innige Verbindung zwischen ihm, seinem Sohn Jesus und dem Heiligen Geist. Und weil Gott auch zu uns Menschen eine innige Beziehung haben will, hat er sein Leben bereitwillig für uns hingegeben. Daher: Gott kann deinen Wunsch nach guten Freundschaften absolut nachvollziehen. Du kannst dir sicher sein, dass dein Wunsch nach Freundschaften Gottes Herz berühren wird. Vertraue darauf, dass Gott in deinem Leben Freundschaften wachsen lassen kann und wird.

Und dann investiere dich mutig in die ein oder zwei Personen, die dir gerade in den Sinn gekommen sind. Höre nach, wie es ihnen geht. Biete ihnen deine Hilfe an, wenn sie gerade welche benötigen. Was habt ihr für gemeinsame Interessen? Ist es Sport? Sind es gute Filme? Musik oder Handarbeiten?

Warum nicht mal ein Treffen angehen, um die andere Person besser kennenzulernen?!

Natürlich ist klar, dass gute Freundschaften nicht von einem Tag auf den anderen entstehen. Es braucht viel Geduld, wenn man sich in neue Freundschaften investiert. Schließlich muss man sich erst einmal ein wenig beschnuppern und die Sympathie zum anderen muss wachsen. Und es kann ja auch sein, dass die andere Person zeitlich sehr ausgelastet ist und bereits viele Freunde hat. Da wäre es gut, von Zeit zu Zeit ehrlich die Freundschaft zu reflektieren und abzuschätzen, ob sie Potenzial hat. Wenn die Person keine Kapazitäten für neue Freundschaften hat, ist es vielleicht besser, sich in eine andere Person zu investieren.

Aber es ist auch immer wieder spannend, dass Freundschaften manchmal sogar zu Menschen entstehen, die man sich so nicht ausgesucht hätte, weil man auf den ersten Blick kaum Gemeinsamkeiten erkannt hat. Für mich sind solche Freundschaften im Nachhinein betrachtet sehr wertvoll, weil sie eben unverhofft gewachsen sind – und man plötzlich Gemeinsamkeiten entdeckt hat, die man vorher überhaupt nicht gesehen hatte.

Ich persönlich finde es wichtig, mit einer gewissen Gelassenheit an das Thema Freundschaft ranzugehen. Und sensibel dafür zu sein, wo Freundschaft anfängt zu wachsen. Letztendlich entstehen Freundschaften eben, indem man sie wachsen lässt und ihnen Freiraum gibt, sich zu entfalten. Auf Knopfdruck und mit Druck passiert gar nichts. Alles Schöne im Leben braucht eben auch Zeit, um zu wachsen.

Ein Beruf: mehr als bloßes Geldverdienen[5]

Für viele verheiratete Frauen ist die Familie der Ort, für den sie ihre Energie, Kreativität und Liebe einsetzen. Sie versuchen, die Stärken ihrer Kinder zu fördern, ihnen hilfreiche Ratschläge zu geben und ihnen authentisch eine persönliche Beziehung zu Jesus vorzuleben. Zudem braucht auch eine gesunde Ehebeziehung viel Pflege und Einsatz. Familienleben beansprucht viele Kapazitäten einer verheirateten Frau; da wundert es nicht, dass häufig gerade die Familie das vorrangige Thema ist, worüber man mit einer verheirateten Freundin spricht. Ein Single hat all dies nicht. Er hat nicht die Chance, sich in seine Kinder zu investieren. Doch wo kann er dann seine Kreativität und seine Kraft einsetzen? Der Beruf kann einen ähnlich bedeutsamen Stellenwert in seinem Leben einnehmen wie die Familie bei einer verheirateten Frau. Ich habe mich immer gewundert, wenn meine verheiratete Schwester ihre Arbeit eher als Mittel zum Zweck sah. „Hauptsache, ich bekomme mein Geld, der Spaßfaktor ist nebensächlich." Die Arbeit empfand sie okay und sie bekam dafür ihr Geld, also passte es. Für mich als Single dagegen ist das Geld nur ein Punkt unter weiteren Kriterien, die ich bezüglich meines Jobs habe: Er soll meine Kreativität fördern, mir Spaß machen und meinen Stärken entsprechen.

Die unterschiedlichen beruflichen Vorstellungen machen deutlich, dass der Anspruch an den Job für einen Single und eine verheiratete Frau sehr verschieden sein kann. Ich will damit auf keinen Fall sagen, dass eine verheiratete Frau nicht auch

....

5 Dieser Abschnitt ist teilweise in der Frauenzeitschrift „Lydia", Ausgabe 3/2014, erschienen. Der Abdruck geschieht mit freundlicher Genehmigung der Redaktion.

in beruflicher Hinsicht ihrem Herzen folgen und sie sich in dem Job verwirklichen kann, der ihrer verborgenen Sehnsucht entspricht.

Dennoch glaube ich, dass insbesondere Singles aufgrund der unerfüllten Sehnsucht nach einer Partnerschaft und einer Familie umso stärker das Empfinden haben, ihre Lebenskraft an einem Ort einzusetzen, an dem sie etwas bewegen und nach vorne bringen können. Es ist okay, wenn man Karriere macht, es ist toll, wenn man Erfolg hat und die Chance nutzt, viel zu reisen. Man darf mit Leidenschaft einer Arbeit nachgehen und Gott durch den Job dienen. Wenn eine Weiterbildung dran ist oder ein Seminar geeignet wäre, um in einem spezifischen Bereich kompetenter zu werden, dann kann man es mit gutem Gewissen angehen. Es ist prima, wenn man sich in seiner Arbeit tatsächlich entfaltet und spürt, dass man an der richtigen Stelle ist. Solange man die Arbeit – unabhängig davon, ob im christlichen oder säkularen Bereich – nicht über Gott stellt, ist alles okay.

Vielleicht hast du momentan einen Job, der dir viel Freude macht. Und hast das Gefühl, genau am richtigen Ort zu sein. Dann kann ich nur sagen: Herzlichen Glückwunsch! Du bist sehr privilegiert, mit einer zu dir passenden Arbeit beschenkt und gesegnet. Nutze deinen Arbeitsplatz, um Gott dort zu dienen. Suche bewusst den Kontakt zu deinen Arbeitskollegen und baue Freundschaften auf. Setz dich ein, um Dinge zu bewegen und voranzutreiben. Und sei leidenschaftlich dabei, am Reich Gottes mitzuwirken.

Wenn du aber gerade das Gefühl der inneren Leere hast, bist du möglicherweise nicht am richtigen Platz. Vielleicht möchte Gott dich an einem ganz anderen Ort gebrauchen.

Möglicherweise will er dein Unzufriedensein nutzen, damit du aufwachst und für seine Stimme sensibel wirst. Wenn du den Eindruck hast, dass deine derzeitige berufliche Situation so gar nicht zu dir passt, bleib an der Sache dran. Mach dich auf die Suche. Bete. Informiere dich. Rede mit Menschen, die dich gut kennen. Nimm dir viel Zeit, darüber nachzudenken, was dir Freude macht. Beschäftige dich auch mal mit dem Thema Berufung.[6] Und dann lass dich von Gott – wenn es dran ist – an diesen neuen Ort führen, an dem er dich gebrauchen will. Bist du offen dafür?

Gebet für Mut, das Abenteuer „Leben" zu leben

Jesus,

manchmal fehlt mir der Mut, mein Leben wirklich anzupacken und auszupacken und auf die Suche nach den vielen Schätzen zu gehen, die du in mein Leben hineingelegt hast. Dann lasse ich es zu, dass Nebel meinen Blick trübt und ich mich auf Dinge konzentriere, die mir fehlen und die ich vermisse. Dabei übersehe ich oft Glitzer und Schönheit meines Lebens. Das finde ich so schade!

Jesus, bitte richte meinen Blick immer wieder fest auf dich. Ich möchte zuversichtlich leben, weil du Teil meines

....
6   Es gibt gute Literatur zum Thema Berufung, zum Beispiel „Die Kunst, seine Berufung zu finden" von Petra Bock; „Logbuch Berufung" von Tobias Faix; „Finde den Job, der dich glücklich macht" von Angelika Gulder oder „Lebensziel Berufung" von Jörg Berger, der das Thema aus psychologischer und christlicher Sicht beleuchtet. Auch Gabentests sind ein hilfreiches Tool.

Lebens bist. Ich möchte das Leben genießen, weil du das Risiko für mein Leben übernimmst. Ich möchte dir vertrauen, dass gemeinsam mit dir mein Leben ein Abenteuer wird und ist. Ich will vertrauen, weil du nur Gutes mit mir im Sinn hast. Und ich will mich voll und ganz auf das Abenteuer einlassen. Ich will mich fallen lassen in dir und die Schönheit des Lebens entdecken. Neue Wege entdecken. Neue Möglichkeiten nutzen. Neue Träume verwirklichen. Ich will mich in bisher Unbekanntes hineintrauen und meinen Horizont erweitern. Ich will mir selbst Dinge zutrauen, weil du mir Dinge zutraust. Ich will meine eigenen festen Vorstellungen für mein Leben loslassen, damit ich von dir mit so viel Gutem überrascht werden kann. Bitte locke mich immer wieder aus meinem Schneckenhaus, wenn ich mich verstecke. Damit ich das Abenteuer mit dir fröhlich leben kann.
    Amen.

Zerplatzte Träume

Gott ist zwar nicht der Verursacher der
Schwierigkeiten in unserem Leben,
aber er gebraucht sie. Er sorgt dafür,
dass uns alles zum Guten dient.

Stacy Eldredge

Autsch. Wenn Träume zerplatzen, tut das richtig weh. Es brennt nicht nur ein wenig, als hätte man sich eine Schürfwunde zugezogen. Nein. Zerplatzte Träume können einem den Boden unter den Füßen wegziehen, das ganze Leben durchschütteln wie bei einem Tornado. Sie haben die Macht, unsere Sicht auf eine vielversprechende Zukunft zu verschütten. Es scheint, als sei alles zerbrochen. Der letzte Hoffnungsfunken in uns verglimmt. Warum ist das so schmerzhaft, wenn Träume platzen? Warum tut das so weh, wenn meine Hoffnung oder ein Wunsch sich nicht erfüllt? Träume sind der tiefe Ausdruck unserer Seele, die lebendig sein will. Ein Traum ist ein mutiger Schritt raus aus unserem kleinen Leben. Ein Traum lässt unser Herz höher schlagen. Er malt ein Lächeln auf unsere Lippen. Gibt Energie für den Tag und Motivation zum Leben. Träume sind so kostbar und doch so zerbrechlich. Manchmal scheint es mir, als gäbe es zwischen dem Zerbrechen und dem Wahrwerden eines Traumes nur eine zarte, hauchdünne Schicht.

Wie etwas in mir zerbrach

Während ich das Buch schreibe, denke ich an meine eigenen zerplatzten Träume. Natürlich gab es auch solche, die nichts mit dem Thema Beziehung zu tun hatten. Doch weil ich ein ausgeprägter Beziehungsmensch bin, haben vor allem die zerplatzten Beziehungsträume in meinem Herzen Spuren hinterlassen. Wenn ich mich auf jemanden einlasse und ihn liebe, tue ich das mit meinem ganzen Herzen. Ich bin kein Mensch, der Liebe halbherzig angeht. Wenn, dann richtig und mit jedem Kubikzentimeter meines Herzens. Ich habe manchmal das Gefühl, dass ich gar nicht anders kann als zu lieben. Das ist in mir angelegt. Ich *will* jemanden lieben. Und da ist es natürlich richtig zauberhaft und beinahe wie im Märchen, wenn ein Mann, den ich richtig toll finde und der mich fasziniert, eindeutige Signale sendet. Im ersten Moment bin ich vorsichtig. Kann ich mich darauf einlassen? Meint er es ernst? Es braucht Mut, um anfängliches Misstrauen und die eigene Angst, enttäuscht zu werden, zu überwinden. Einer meiner zerplatzten Beziehungsträume hat sich ganz besonders in meinen Erinnerungen festgesetzt. Der Schmerz war unaussprechlich. Es hat einige Zeit gekostet, bis ich diese Sache abschütteln konnte. Ach komm, ich erzähle es dir:

Irgendwie hatte ich früher ein Faible für Männer, die mit sehr viel Charisma und sprühender Leidenschaft für Jesus unterwegs waren. Wenn ich einen jungen Mann predigen hörte und ich ihm seinen stark pulsierenden Herzschlag für Gott abspüren konnte – und ich ihn zudem noch attraktiv fand, machte das etwas mit mir. Und wie! Bewusst oder auch unbewusst checkte ich dann seinen Beziehungsstatus. Trug er einen Ring? Redete er von seiner Frau? Wenn er Single war, keimte in mir leise Hoffnung auf und zaghaft bildete sich in meinem Herzen ein Traum. Was wäre, wenn er der Richtige für mich wäre? Wie wäre es, mit diesem Mann verheiratet und gemeinsam für Jesus Christus unterwegs zu sein? Als ich 22 alt Jahre war, hörte ich mal wieder eine ergreifende Predigt von eben so einem Mann – einem jungen Pastor. Single! Im Anschluss an den Gottesdienst verwickelte ich mich mit ihm in einen Small Talk. Wir unterhielten uns nett, und ich fragte ihn spontan, ob ich bei ihm in der Gemeinde ein Praktikum machen könnte. Da ich Bibelschülerin war, benötigte ich ja regelmäßig Praktikumszeiten in Gemeinden und der Mission. Und wie schön: Nachdem er sich mit seinem Ältestenrat darüber unterhalten hatte, sagte er mir zu. Ich durfte für zehn Tage in der Gemeinde mitarbeiten und in viele Arbeitsbereiche reinschnuppern. Tja, vielleicht denkst du jetzt: Klassiker! Toller Prediger, der mit seinem Charisma das Herz einer jungen Bibelschülerin erweicht. Sie verliebt sich in ihn. Tja, man kann sich eben manchmal nicht vor seinen eigenen Gefühlen schützen. Die Zeit des Praktikums war für mich emotional eine sehr intensive Zeit. Mit jedem weiteren Tag fand ich ihn toller und toller und toller. Mein Traumschloss wuchs rasant in die Höhe. Es passte ja auch einfach alles so gut. Ich wäre doch eine perfekte Pastorenfrau und wir beide könnten doch hervorragend für die Gemeinde da sein … Ich hatte auch das Gefühl, dass es nicht nur mir so ging. Dass auch er sich sehr wohlfühlte in diesen Tagen, in denen wir viel Zeit miteinander verbrachten. Nach dieser endorphinreichen Praktikumszeit wuchs in meinem Herzen ein Traum, den ich schützen und bewahren wollte. Nach einigen Wochen wollten wir uns wiedersehen und dann gemeinsam eine Entscheidung über unsere Zukunft treffen. Gemeinsam oder getrennt?

Die kommenden Wochen waren hart. Ja, herausfordernd. Schließlich wusste ich nicht, wie die Sache ausgehen würde. Und ich war noch nie jemand, der gerne wartet. Gleichzeitig beruhigte ich mich aber auch immer wieder und sagte mir, dass es schon alles gut werden würde. Es passte doch schließlich alles so hervorragend. An einem dieser Tage, ich weiß es noch wie heute, war ich innerlich sehr unruhig. Ich kam gar nicht zur Ruhe. Mein Herz flatterte wie eine Fahne im Wind; ich hatte große Angst davor, dass er sich gegen mich entscheidet. Ich fing an zu weinen und wusste einfach nicht, was mit mir los war. Da half nur eins: raus in die Natur. Gespräch mit Jesus. Schließlich kennt er mich wie kein anderer und liebt mich wie kein anderer. Wer, wenn nicht er, könnte mich jetzt auffangen und beruhigen? So ging ich einen einsamen Feldweg entlang. Ich hatte noch gar nicht viel gesagt, als ich in meinem Herzen außergewöhnlich präzise und stark Gottes Stimme vernahm: *Lass ihn los.* Diese drei Worte wiederholten sich viele Male. Ich versuchte dagegen anzukämpfen. *Lass ihn los.* Warum sollte ich diesen Mann loslassen? Warum verlangte Jesus das von mir? Mein Traummann liebte Gott doch so sehr, und gemeinsam würden wir Gott so gut folgen können! Ich diskutierte mit Jesus, doch er schien nicht von seinen Worten abzulassen. Irgendwann, nachdem ich viele Tränen ärmer war, konnte ich schließlich loslassen. Irgendwie verstand ich plötzlich, dass Jesus mich beschenken will. Ich sollte nicht ständig selbst nach Geschenken greifen, die scheinbar wie auf mich zugeschnitten sind. Doch auch wenn ich meinen Traum loslassen konnte, hoffte ich doch insgeheim, dass das eine Glaubenslektion für mich war und dass sich jetzt auch die Sache mit der Liebe und diesem Mann wie erträumt klären würde ...

Der besagte Tag kam näher. Wir trafen uns bei mir in der Stadt und hatten einen schönen Nachmittag zusammen. Die Stunden verstrichen und minütlich näherte sich das ersehnte Gespräch. Gleich würde er mich fragen. Gleich wären wir ein Paar. Was für ein wundervoller Tag! Und endlich: Das Gespräch kam der Sache näher. Längere Zeit kreiste er um den heißen Brei, bis die Worte dann im Raum standen. „Auch wenn so vieles dafür spricht ... fehlt mir das gewisse Etwas. Es wird nichts aus uns." *Bämm.* Die Worte erreichten meine Ohren, aber nicht mein Herz. Alles schien mir so realitätsfern zu sein. Mein Traum war doch schon fertig, er existierte doch schon! War das alles nur ein glitzerndes Luftschloss, das innerhalb einer halben Sekunde zerplatzen und sich dann in Glitzerstaub auflösen sollte? Mein Herz fühlte sich an, als wäre es nach einem Wahnsinnshöhenflug auf harten Betonboden geknallt und dann zerbrochen. Doch das war jetzt mein Problem. Damit musste ich jetzt irgendwie umgehen. Für eine Beziehung braucht es nun mal die Herzensentscheidung von beiden Seiten. In einem Tagebucheintrag habe ich damals meine Gefühle festgehalten:

Herz-Emotionen

Wie konnte es das Gefühl in Worte fassen?
Wie konnte es die Emotionen beschreiben?

Es fühlte einfach nur Schmerzen. Es tat weh. Es wurde berührt.
Er gab dem Herzen das Gefühl, damit behutsam umzugehen. Es vorsichtig zu behandeln. Es nicht zu verletzen. Es zu schützen. Es eventuell sogar zu lieben. Er lernte es kennen. Intensiv. Aufopfernd. Umgarnend.

Und was jetzt?

Es wurde fallengelassen. Von ihm. Von dem warmen Ort der Geborgenheit, der Nähe, der Freundlichkeit, der Annahme ... in die Kälte. In die Einsamkeit. In die Verlassenheit.

Von einem Moment auf den anderen. Ortswechsel. Das Herz dachte, es würde in der Wärme bleiben. Es bestand kein Zweifel für das Herz, dass es nicht dort bleiben würde, wo die Liebe lebt. Alles sah so aus, als ob es dort wohnen dürfte. Das Herz wollte es sich dort schon einrichten. Dort aufatmen. Dort zu Hause sein.

Doch es durfte nicht.
Es musste gehen. Raus. Tür zu. Kälte. Regen. Kein Regenschirm ... weil es nicht darauf vorbereitet war. Allein. Wohin jetzt? Es hatte keine Karte dabei. Dachte, es wäre bereits am Zielort. In der Dunkelheit konnte es kein Straßenschild erkennen. Keinen Weg.

Das Herz hörte in sich hinein. Lebte es noch? Fühlte es noch etwas? War noch der Pulsschlag zu hören? Oder hatte es diesen plötzlichen Ortswechsel nicht überstanden?

Doch ... das Herz atmete noch. Es war noch der Pulsschlag zu hören. Auch wenn etwas leiser als sonst. Aber es lebte. Es fühlte sich etwas erkältet an. War nicht passend angezogen für die neue Situation. Aber es wusste ... es wird diese Phase überstehen. Es wusste ... das war eine Chance, um ein schöneres Herz zu werden.

Es war eine Chance, um ein wärmeres Herz zu werden, das für andere Menschen da sein kann.
Das anderen Menschen Liebe geben wird.
Das anderen Menschen Freude bringen wird.
Das anderen Menschen Hoffnung bringen wird.
Es würde seine Zeit brauchen, bis es soweit ist. Aber irgendwann würde das Herz wieder gesund sein.
Es würde wieder richtig lachen können.

Mit dieser Gewissheit ließ das Herz sich führen. Von einer unsichtbaren Kraft. Von einer Kraft, die göttlich ist. Von einer Kraft, die vom Himmel kommt. Die Kraft führte das Herz zu einem Ort, der noch viel wärmer und viel schöner und viel heller war als jeder andere Ort. Dort würde es sich erholen. Dort würde es wieder gesund werden. Dort würde es wieder aufblühen. Solange ...

... bis es vielleicht den richtigen Ort findet, wo es geliebt wird.
... bis es den richtigen Ort findet, wo es bleiben darf.

Wo es willkommen ist.

Wo es sich fallen lassen kann ...

Auch wenn es keine zerbrochene Beziehung war, sondern „nur" das Zerplatzen eines Traumes, so ist es für mich trotzdem meine schmerzhafteste Erfahrung im Bereich „Beziehungen". Meine anderen Erfahrungen mit Beziehungskisten waren natürlich auch nicht angenehm, ja, aber irgendwie fühlte ich mich danach nicht so verletzt wie nach *dieser* Geschichte. Irgendwie hatte ich dieses Ende intensiver und härter erlebt. Ich weiß noch, wie ich nach dem Gespräch in meinem WG-Zimmer auf der Couch saß und mit meiner Mutter telefoniert und einfach nur gesagt habe: „Es wird nichts aus uns beiden." Die Worte standen so nackt und so kalt im Raum. Mir wurde beinahe schlecht davon. Danach folgte eine Zeit, die sehr schmerzhaft für mich war. Ich, die eigentlich immer so gerne mit Freunden unterwegs war und für jeden Spaß zu haben war, zog mich häufig in Einsamkeit zurück. Sehr oft hatte ich gar keine Lust, mich mit Leuten zu treffen. Das Leben machte mir kaum Freude mehr. Ich fühlte mich einsam, abgelehnt, fallen gelassen. Ich musste lernen, mit einem riesengroßen Wollknäuel aus Gefühlen wie Wut, Selbstzweifel, Traurigkeit, Kraftlosigkeit und Angst umzugehen, aber das war sehr schwer. Was war falsch mit mir? Warum war ich nicht gut genug für ihn? War ich nicht liebenswürdig? In dieser für mich sehr bedrückenden Zeit versuchte ich, meine Traurigkeit mit Essen zu bekämpfen. Das Essen schien mir eine Lösung zu sein, um wenigstens für eine kurze Zeit meinen zerplatzten Traum und meinen Herzschmerz zu vergessen. Danach fühlte ich mich allerdings nur noch schlechter.

Sehr oft ging ich alleine raus in die Natur, setzte mich auf meine Lieblingsbank oben auf dem Hügel, um mit Gott zu reden und in der Bibel zu lesen. Ich beschäftigte mich mit dem

Buch Hiob, weil ich herausfinden wollte, wie ich mit meinem Leid umgehen soll. Die vertraute Zeit mit Gott half mir. Ich wusste – mal mehr, mal weniger intensiv – dass letztendlich nur er mich trösten und mein Herz heilen kann. Auch wenn ich ihn nicht immer im Blick hatte und gelegentlich auf scheinbar schnelleren Trost (in Form von einigen Nutellabroten oder zu vielen Keksen) zurückgriff, habe ich an ihm festgehalten.

Mein Herz wird wieder heil

Es ist für mich bis heute wundersam, wie mein Herz nach dieser Erfahrung heil geworden ist. Ich kann es gar nicht so genau auseinanderklamüsern, was letztendlich zum Durchbruch, zum Weg aus dem Tal der Trauer, führte. Viele Dinge, die zu meiner inneren Heilung führten, waren Puzzleteile. Ich hatte ein längeres Seelsorgegespräch, das in mir etwas freigesetzt hat. Ich fasste noch einmal Mut und schrieb *ihm*, um dem Grund auf die Spur zu kommen, warum er sich gegen mich entschieden hat. Schließlich bin ich fest davon überzeugt, dass Wahrheit frei macht. Ich habe den starken Drang, die Wahrheit unbedingt herauszufinden und den Schleier, der über ungeklärten Situationen liegt, zu heben, damit ich mit der Sache klarkomme und ich sie auf gute Weise verdauen kann. Wir bereinigten die letzten Dinge, die zwischen uns waren, und ich konnte ihm vergeben und aufhören, ihm Schuld nachzutragen.

Weitere große Puzzleteile auf dem Weg zu meiner Heilung waren natürlich die Zeiten, die ich in Gottes Gegenwart verbrachte. Ich nahm mir in der Phase des Schmerzes bewusst sehr, sehr viel Zeit für Gott und betete viel. Im Rückblick kann ich sagen, dass diese Begegnungen wirklich heilsam waren.

Und wahrscheinlich war es auch einfach die Zeit selbst, die meinen Schmerz linderte, und dann der Frühling, der wieder neue Lebensfreude in mir weckte. Auf jeden Fall tat die Wunde in meinem Herzen nach einiger Zeit nicht mehr weh. Irgendwann musste ich meinen Schmerz nicht mehr mit Essen lindern. Ich brauchte es nicht mehr, weil mein Herz wieder heil war. Für mich ist es bis heute ein Geschenk, dass ich nicht in einen langwierigen Therapieprozess einsteigen musste, sondern dass mein Schmerz auf einmal wie ausradiert war. Für mich steht fest, dass Gott mich geheilt hat. Es ist mir in diesem Zusammenhang aber wichtig zu betonen, dass der Heilungsprozess bei jedem Menschen anders aussehen kann. Mein Weg muss nicht der Weg sein, den andere Frauen erleben.

Aber einige Dinge, die mir in dieser schwierigen Zeit klar geworden sind, möchte ich dir dennoch gern als Gedankenanstöße weitergeben. Vielleicht helfen sie dir ja, wenn du selbst in einer ähnlichen Situation steckst.

1. Tu dir selbst etwas Gutes

In schwierigen Zeiten geht der Selbstwert leider oft rapide in den Keller. (Bei mir war das auf jeden Fall so.) Dafür bist du aber zu schade! Dein tatsächlicher Wert bleibt exakt derselbe, auch wenn der gefühlte Wert schrumpft. Vergiss in dieser herausfordernden Zeit (die vielleicht auch schon eine ernst zu nehmende Krise ist) nicht, gut auf dich selbst zu achten und dir etwas Gutes zu tun. Geh doch mal bei Kerzenlicht und Badesalz baden. Mach dich schön. Nutze gutes Parfüm. Wohltuende Cremes. Kauf dir ein neues Paar Schuhe. Iss ein leckeres Stück Kuchen. Setz dich bei Sonne auf den Balkon und lass die Sonnenstrahlen auf deinem Gesicht tanzen. Du bist genauso wertvoll wie vor der Trennung oder vor dem Zerplatzen deines Traumes. Dein Wert ist weder gesunken noch hat er eine Macke bekommen. Guck dich im Spiegel an und mache mit dir selbst einen Vertrag, dass du zu dir persönlich stehst und du nicht gegen dich selbst arbeitest. In dieser schweren Phase musst du zu dir selbst halten.

2. Hör auf dein Herz

Hör auf dein Herz, darauf, was es wirklich braucht. Auch wenn es Zeit kostet, um wieder auf die Beine zu kommen, ist auch mal Ablenkung dran. Das Leben ist zu kostbar, um es nicht mehr zu genießen. Lass dich gelegentlich von deinen Freunden mitziehen und feiere dein Leben. Unternehmt bewusst schöne Dinge zusammen, die dir Spaß machen. Das lenkt deinen Blick von deinem Schmerz weg – und hin auf die bunten Facetten, die das Leben zu bieten hat. Tausche dich mit deinen Freundinnen aus. Sicherlich haben einige von ihnen schon ähnliche Dinge erlebt. Du bist nicht die Einzige! Das kann dir vielleicht helfen und dir einen Ruck geben, damit du nicht im Selbstmitleid versumpfst.

3. Suche keinen billigen Trost

Achte darauf, dass du in deiner Schmerzsituation nicht Dinge machst, die du später bereuen wirst. Suche nicht billigen Trost bei einem Mann. Versenke deinen Schmerz nicht in Alkohol oder im Frustessen. Füttere deine ungestillte Sehnsucht nicht mit erotischen Romanen und schnulzigen Liebesfilmen. Um wirklich mit ganzem Herzen lieben zu können, muss dein Herz wieder heil sein. Und das braucht eben Zeit. Scheinbare Abkürzungen in der Trauerphase sind keine Lösung. Irgendwann holen dich die unverarbeiteten Brüche und Trennungen im Leben wieder ein. Achte deshalb sorgsam auf dich, und bitte auch deine Freundinnen, ein Auge auf dich zu haben.

Die Gegenwart Jesu ist heilsam. Lass dich immer wieder bewusst auf Zeit mit ihm ein.

4. Lauf nicht vor deinem Schmerz davon
Zeiten, in denen man sich mit dem eigenen Schmerz befasst, ihn reflektiert, sind wichtig – auch wenn es wehtut. Aber weglaufen ist keine Lösung. Lass deinen Schmerz zu. Begegne ihm. Und lade Jesus ein, in den Schmerz hineinzukommen. Er will ihn mit dir gemeinsam aushalten. Jesus weint und leidet mit dir. Er liebt dich so sehr, wie es kein Mann jemals tun wird. Er ist für dich gestorben. Es bricht ihm sein Herz, wenn du traurig bist, wenn mit dir vielleicht unfair umgegangen worden ist. Daher: Lass Jesus dein Ort sein, in dem du deinen Schmerz von deiner Seele weinen, deinen Frust von deinem Herzen klagen, Vergebung erfahren und weitergeben und langsam wieder Hoffnung schöpfen kannst. Die Gegenwart Jesu ist heilsam. Lass dich immer wieder bewusst auf Zeit mit ihm ein.

5. Scheue dich nicht, Hilfe in Anspruch zu nehmen
Je tiefer der Schmerz ist, umso wichtiger ist es, Seelsorge in Anspruch zu nehmen. In die Seelsorge zu gehen ist nichts, wofür man sich schämen müsste. Ich habe das auch schon gemacht. Es ist nur vernünftig, weil man damit in sein Leben investiert und dafür sorgt, dass das Herz gesund wird. Unterschätze niemals, welche Macht Wunden im Herzen haben können. In

Sprüche 4,23 schreibt der König Salomo: „Vor allem aber behüte dein Herz, denn dein Herz beeinflusst dein ganzes Leben." Ich glaube, da ist sehr viel dran. Viele Menschen bauen nach außen eine Fassade auf und erwecken den Eindruck, als hätten sie keine Probleme mit Enttäuschungen. Doch tief in ihnen drin sieht es anders aus. Deshalb: Achte auf dein Herz, darauf, dass sich keine Lügen in ihm einnisten, wie zum Beispiel:

Ich bin nicht liebenswürdig.
Kein Wunder, dass kein Mann mich haben will!
Ich bin sowieso viel zu kompliziert für einen Mann.
Mit mir wird niemand zurechtkommen!

Wenn dein Herz gesund ist, sieht man es in deinen Augen. Ein fröhliches und gesundes Herz wirkt sich auf den ganzen Menschen aus. Daher: Keine Angst vor der Seelsorge! Nutze sie, wenn sie nötig ist.

Andere Singlefrauen, die ich befragt habe, haben teilweise auch schon sehr schmerzliche Erfahrungen mit zerplatzten Träumen gemacht. Bei vielen von ihnen ist das Herz inzwischen wieder heil. Einige von ihnen haben mir erzählt, was ihnen in der schwierigen Phase ganz konkret geholfen hat. Hier mal eine kleine Auswahl:

Zu Gott kommen und ihn preisen und mich bei ihm ausweinen – das hat mir am allermeisten geholfen. Außerdem habe ich einen tollen Hauskreis, der mit mir zusammen gebetet hat, und tolle Freundinnen, die mir einfach zugehört haben. Am meisten aber hat mich einfach die Liebe Gottes getragen.

◯ *Ich glaube, Gott, meine Freunde und meine Familie haben mir Freude und Kraft gegeben, das Ganze zu verarbeiten. Oft bin ich zu meiner Nichte und meinem Neffen gefahren und habe Zeit mit ihnen verbracht, weil jedes Lächeln von ihnen mich so glücklich gemacht hat. Meine Freunde waren für mich da – und Gott, auch wenn meine Beziehung zu ihm nicht die beste war ... Ich spürte: Er war da! Und wusste: Er hat einen Plan mit mir!*

◯ *Tagebuch zu schreiben. Ich habe Wege gefunden, das Leben schön zu gestalten und mit anderen Menschen zu genießen. Ich wohne in einer WG mit meiner Cousine und meiner Freundin. Die beiden sind mir zum Segen geworden. Dann hat mir aber auch geholfen, dass ich mich in Projekte (wie jetzt in Tansania) investiere und mich von Gott gebrauchen lasse. Das gibt mir den Geschmack eines erfüllten Lebens.*

◯ *Definitiv meine Freundinnen. Ich habe die zwei besten Freundinnen auf der Welt. Sie waren damals für mich da, haben mich in den Arm genommen, mir zugehört und mich wieder aufgerichtet. Ganz kurz nach der Trennung bin ich zu einem befreundeten Pastor (er war damals mein Seelsorger) und seiner Familie gefahren und bin dort für zwei Tage geblieben – das tat mir auch sehr gut. Gott hat mich damals mit Liebe überschüttet, mich nahe zu ihm gezogen und mich getröstet. Das war genau das, was ich brauchte.*

◯ *Gute Freunde und gute Seelsorger haben mir geholfen, vieles aufzuarbeiten und von Gott heilen zu lassen. Ich denke,*

die Seelsorger und Mentoren waren wirklich Schlüsselfiguren für
mich. Klar hat der Heilige Geist mich auch auf vieles hingewiesen,
aber die Hilfe durch Seelsorger war entscheidend dafür, meinen
Weg zu Gott zu finden und von ihm Heilung anzunehmen.

Vielleicht inspirieren dich diese Gedanken. Es ist so wichtig, gerade mit den unschönen Erfahrungen in Sachen Liebe sensibel umzugehen. An diesen Knotenpunkten im Leben entscheidet sich, ob man aus der Situation gestärkt oder geschwächt herausgeht. Wenn man schwierige Zeiten bewusst erlebt und nicht davor wegläuft, kann viel Gutes daraus entstehen. Ich jedenfalls habe erlebt: Man lernt für das Leben dazu und vielleicht lernt man auch Gott auf ganz neue und intensivere Art kennen. Ich bete, dass du Gott in den Zeiten „zerplatzter Träume" intensiv erlebst!

Gebet um Heilung für mein gebrochenes Herz

Jesus,
ich lege dir mein Herz hin. Es tut so weh! Manchmal weiß
ich gar nicht, ob es lebendig ist, weil es sich so taub anfühlt.
Manchmal habe ich Angst, dass es niemals mehr sprühende
Freude fühlen wird. Irgendwann ist etwas zerbrochen. Die
Hoffnung auf Liebe. Die Hoffnung auf Glück. Ich habe erlebt, dass mein Herz fallengelassen worden ist. Dabei hatte
ich doch so viel Hoffnung in die Liebe gesetzt. Ich dachte,
ich hätte sie gefunden. Aber von wegen! Er ist auf und davon. Und ich? Ich stehe hier. Zerbrochen. Alleingelassen.

Und weiß nicht, wie es weitergehen soll. Jesus, kannst du mir helfen?

David singt in einem Psalm: „Er heilt, die zerbrochenen Herzens sind, und verbindet ihre Wunden" (Psalm 147,3). Wenn das wahr ist, dann will ich das auch erleben. Ich will erfahren, dass du mein Herz rundum erneuerst und es gesund machst. Ich will spüren, dass mein Herz wieder lacht und Saltos schlägt. Ich will wieder das Leben umarmen können. Und das Leben feiern. Bitte liebe mein Herz und küsse es. Drücke es fest an dich, damit ich wieder aufstehen kann, um weiterzugehen. Und damit sich mein Herz wieder öffnet, um zu lieben und zu vertrauen. Bitte schenke mir aber auch Geduld mit mir selbst. Ich weiß, es braucht Zeit, bis Wunden heilen. Danke, dass du mir in dieser Zeit ganz nahe sein willst.

Amen.

Tipps für das Leben im Single-Dschungel

Es ist ein Irrtum, dass das Gras
auf der anderen Seite viel grüner ist.

Nelli Löwen

Es ist manchmal alles andere als einfach, Single zu sein. Obwohl ich selbst eigentlich mittlerweile Profi in Sachen „So lebe ich als Single" sein müsste, bin ich alles andere als das. Immer wieder muss ich Gott um Klarheit und Hilfe bitten, damit ich mich im Dickicht des Singlelebens zurechtfinde, damit ich mich nicht darin verheddere. Ich bin zwar keine Psychologin oder jemand, der auf ganz neuartige Erkenntnisse gestoßen ist (es gibt ja auch schon so viele schlaue Menschen, die etwas zum Thema Singlesein geschrieben haben), trotzdem möchte ich dir gerne einige meiner Erkenntnisse mitgeben. Vielleicht hilft dir ja der eine oder andere Gedanke. Lass dich gern dadurch inspirieren und zum Weiterdenken anregen.

Meine Sehnsucht wird größer – aber nichts ist in Aussicht

Ja, es gibt immer wieder mal Momente in meinem Leben, in denen mich einfach nichts so richtig begeistern kann. Alltagstrott. Grau in Grau. Keine Abwechslung. „Und täglich grüßt das Murmeltier." Wenn ich dann in so einer emotionskargen Zeit nach dem Grund dafür suche, komme ich sehr schnell zu dem Gedanken: *Hätte ich einen Partner, wäre alles anders. Ja, dann hätte ich wieder Spaß am Leben. Dann wäre doch alles eh viel schöner. Warum muss ich denn jetzt schon so lange alleine sein!?*

Es ist völlig normal, dass man als Single auch mal solche Gedanken und Gefühle hat und man die Situation dann am liebsten sofort ändern will. Dass man am liebsten selbst die Kontrolle über das Leben übernehmen will. Doch das geht nun mal nicht. Man kann sich nicht einfach einen Typen schnappen und mit ihm an der Zukunft bauen, weil er ja in dieser Sache auch noch ein Wörtchen mitzureden hat. Trotzdem ist es nicht nötig, in der Schmollecke rumzuhängen oder auf der Wartebank dahinzuvegetieren. Steige bewusst aus diesen destruktiven Momenten aus und entdecke deine Möglichkeiten, was du tun kannst, während du auf eine Beziehung wartest.

Wie wäre es, wenn du mit deinen Singlefreundinnen eine regelmäßige Gebetsrunde startest, um gemeinsam füreinander zu beten? Um miteinander Gott in den Ohren zu liegen, dass er euch gottesfürchtige Männer an die Seite stellt? Das verändert sehr viel! Zum einen wächst dadurch die Hoffnung, dass Gott es wirklich in der Hand hat und dich mit einem tollen Mann versorgen kann – und vielleicht auch bald wird. Zum anderen sprichst du im Gebet für deine Freundinnen und dich selbst die Sehnsucht aus, die du in deinem Herzen trägst. Die Sehnsucht nach einem Partner ist keine Schwäche oder ein Zeichen von Unzufriedenheit, schließlich hat der Erfinder von Partnerschaft und Liebe dir diese Sehnsucht ins Herz gelegt. Natürlich hat diese Sehnsucht auch das Potenzial, dich in ein enges Korsett zu schnüren und dir jegliche Lebensfreude zu nehmen. Doch wenn du auf gesunde Weise mit ihr umgehst und mit deinen Freundinnen darüber sprichst, kann dich das von zerstörerischen Gedanken befreien und dir eine neue Perspektive geben. Gemeinsam könnt ihr erleben, wie ihr immer wieder Leichtigkeit in diesem wichtigen Lebensbereich erfahrt und miteinander – und vor allem mit Gott – einen guten Weg findet, das *Jetzt* als Single positiv zu gestalten.

Auch ich bete immer wieder mit Freundinnen gemeinsam dafür, dass Gott jedem von uns einen Partner schenkt. Es tut mir gut, ehrlich zu werden, die Sehnsucht nach einem Partner offen zuzugeben und nicht immer einen auf stark machen zu müssen. („Ich bin Single und das ist auch gut so. Ich habe damit gar kein Problem!") Immer wieder erlebe ich, dass mich das vertrauensvolle Gebet mit einer Freundin tröstet. In diesen Momenten darf ich neu Vertrauen fassen, dass Gott meine Sehnsucht kennt und mir zum richtigen Zeitpunkt einen Partner schenken wird, wenn das in seinem Drehbuch steht.

Und trotzdem bleiben da diese Fragen, die sich mit hartnäckiger Regelmäßigkeit in meine Gedanken schleichen: *Bin ich vielleicht beziehungsunfähig? Schließlich muss es doch einen Grund geben, warum ich noch keinen Partner habe oder meine Beziehung gescheitert ist.* Vielleicht geht es dir auch so. Manchmal ist es nicht so einfach, diese Fragen zu beantworten. Schließlich gibt es häufig nicht die klare Antwort auf die Frage, warum man noch Single ist. Es kann an so unterschiedlichen Dingen liegen. Vielleicht habe ich zu wenig Selbstvertrauen und wirke sehr unsicher im Umgang mit Männern? Oder es hindern mich nicht aufgearbeitete, frühere Beziehungen daran, gute Freundschaften mit Männern einzugehen? Oder es liegt einfach an der Tatsache, dass einem das passende Gegenstück noch nicht über den Weg gelaufen ist. Dennoch ist es wichtig, bei allem Suchen nach Antworten den Blick darauf zu lenken, wie man selbst zu einer guten zukünftigen Ehepartnerin werden kann, und sich darauf vorzubereiten. Also tatsächlich das Glück in Gott suchen und finden, um auch als Single zufrieden zu sein. Nur er kann letztendlich unsere tiefste Sehnsucht nach Glück stillen. Und dann: mit dieser Zufriedenheit das Leben aktiv gestalten und gerne leben. Die Wohnung schön einrichten, Träume verwirklichen, in Beziehungen investieren … Eben schon als Single mit einem wunderschönen Leben zu beginnen und nicht alle Träume für *später* aufzubewahren.

Möglicherweise ist es für dich auch dran, alte Beziehungen professionell aufzuarbeiten und vielleicht sogar mittlerweile „verjährte" Erfahrungen unter die Lupe zu nehmen. Es kann nämlich sein, dass man aufgrund alter Geschichten im tiefsten Inneren gar nicht offen für eine Beziehung und sogar gefühlt beziehungsunfähig geworden ist. Hast du mit verletzenden Sätzen von Ex-Partnern zu kämpfen, mit Worten, die dir immer wieder präsent sind? Oder hast du negative Erfahrungen mit Männern gemacht, die dich daran hindern, unkompliziert und unvoreingenommen mit dem anderen Geschlecht in Kontakt zu treten? Vielleicht haderst du auch mit persönlichen Verhaltensmustern, die durch destruktive Beziehungen entstanden sind? Manchmal stecken diese Muster so tief in einem drin, dass man diesen „Beziehungsverhinderern" selbst gar nicht so einfach auf die Spur kommt. Da kann es tatsächlich helfen, gemeinsam mit einer Seelsorgerin dem Thema Beziehungskisten und dem eigenen Umgang mit Männern auf den Grund zu gehen. Durch diese Gespräche kommt man möglicherweise auch an Punkte, an denen Veränderung nötig ist.

Es könnte auch sein, dass du insgesamt eine unrealistische Vorstellung davon hast, welche Vorzüge dein Ehepartner mitbringen muss, um dich erobern zu können. Vielleicht erwartest du, dass er jeden Wunsch von deinen Augen ablesen muss. Aber so etwas gehört eher in die Welt der Liebesromane. In einer Beziehung ist und bleibt die Kommunikation – der regelmäßige Austausch über Wünsche, Gedanken, Gefühle und

Erwartungen – das A und O. Oder du hoffst, dass ihr jedes Hobby teilen könnt. Das wird allerdings nicht so sein, schließlich ist jeder ein Unikat, hat seine ganz eigenen Interessen. Wenn du ahnst, dass du tatsächlich zu rosarot über eine zukünftige Beziehung denkst, dann sei offen im Gespräch mit einer Seelsorgerin, um durch ihre Hilfestellung Klarheit im Bereich Beziehung zu bekommen. Es gibt viele gute christliche Organisationen wie zum Beispiel das „Team F", die Freizeiten und Seminare anbieten, wo du dich mit kompetenten Referenten und Mitarbeitern diesem Thema widmen kannst. Oder rede mit guten Freundinnen, die bereits vergeben oder sogar schon verheiratet sind. Das kann auch den ein oder anderen Aha-Effekt auslösen.

Bete gemeinsam mit deinen Singlefreundinnen, schreibe Briefe an Gott und deinen Zukünftigen und arbeite deine persönlichen Beziehungskisten auf.

In allem Nachdenken über deinen Zukünftigen und darüber, warum es bisher einfach noch nicht geklappt hat, mach doch auch Gebrauch von deiner Flatrate nach oben. Immer wenn die Sehnsucht nach Partnerschaft und Beziehung in mir groß und größer wird, fasse ich dieses Sehnen in Worte – in einem Brief an Gott. Ich teile diesen Raum der Sehnsucht mit ihm. Durch das Schreiben merke ich, wie mein Herz entlastet wird. Gott kennt dich und mich, und er versteht uns, schließlich hat er uns gemacht. Und genau deswegen ist Gott absolut die richtige Adresse, um Gefühle und Träume rund um die Themen Beziehung und Partnerschaft zu teilen.

Eine meiner Bekannten schreibt Briefe an ihren „Zukünftigen", wenn sie sich nach ihm sehnt. Ich finde ihre Idee großartig!
Sie verriet mir: „Ich schreibe ihm, wie sehr ich mich auf ihn
freue. Ich erzähle ihm, wie ich mich fühle oder auch ganz andere
Dinge. Das hilft mir, meine Perspektive zu wechseln. Mir geht
es hinterher meistens besser und ich gewinne neue Zuversicht!"
Also, bete gemeinsam mit deinen Singlefreundinnen, schreibe Briefe an Gott oder deinen Zukünftigen und arbeite deine
persönlichen Beziehungskisten auf. Aber danach und auch
währenddessen: Hab Mut, das Leben mit deinen Freunden zu
genießen. Schmiedet Pläne, was ihr unbedingt noch als Freundeskreis machen wollt. Startet verrückte Aktionen. Fahrt auf
einen Kaffee nach Barcelona, macht gemeinsam Urlaub, gestaltet euern eigenen Tortenback-Contest, zieht gemeinsam in
eine große WG, ladet viele Leute ein, werdet sozial aktiv ... Der
Kreativität sind keine Grenzen gesetzt. Das Leben steckt voller
Chancen und vielfältiger Möglichkeiten. Fang an, diese bewusst
mit deinen Freunden zu erträumen und zu entdecken. Der Spaß
ist vorprogrammiert!

Wie kann ich Geduld beim Thema
Partnersuche lernen?

Manchmal fand ich es ziemlich schwer, diese Spannung auszuhalten, eben keinen Partner zu haben und trotzdem darauf
zu vertrauen, dass Gott mich nicht vergessen hat und einen guten Weg mit mir gehen will. *Endlich einen Partner bekommen!*
Nichts anderes schien mir dann so attraktiv zu sein wie dieser
Gedanke. *Dann wird alles besser. Und toller. Und viel schöner.*
Dann sind meine ganz tiefen Sehnsüchte gestillt. Dann bin ich

endlich angekommen und restlos zufrieden. Doch stimmt das wirklich?

Ich hatte bis vor kurzem fast zwei Jahre lang eine Beziehung. Ich war richtig glücklich mit meinem Freund. Aber trotz des Beziehungsglücks war nicht alles einfach; ich war nicht plötzlich tiefenentspannt und permanent zufrieden. Das habe ich vielleicht vorher geglaubt ... aber so war es nicht. Denn schließlich gibt es keinen Mann, der hundertprozentig zu mir passt. Es gibt keine Beziehung, die ohne Probleme und Schwierigkeiten läuft. Ich weiß jetzt aus Erfahrung: Jede Beziehung bedeutet richtig Arbeit! Ja, das hört sich immer so unromantisch an. Arbeit? In Filmen geht es doch auch immer so glatt. Zwei Menschen kommen zusammen, Romantik pur, Happy End, der Film ist aus. Aber das Leben ist kein Film. Es kostet etwas, den anderen zu lieben. Und lieben beginnt meiner Meinung nach gerade an den Punkten, wo ich die Einstellung des anderen nicht verstehen kann. Wo ich vielleicht mit Wesenszügen des anderen nicht zurechtkomme. Gerade, wenn man als erwachsene Personen zusammengekommen ist, sind Reibungspunkte vorprogrammiert. Da braucht es gute Kommunikation und immer wieder die bewusste Entscheidung füreinander, um zueinander hinzuwachsen. Ja, und dann kann es eben auch passieren, dass trotz Liebe und Mühe eine Beziehung eben nicht hält ...

**Warte nicht auf eine Beziehung,
damit das Leben besser wird.**

Wenn ich mit einer Singlefreundin über die Tücken in Beziehungen gesprochen habe, kam schon mal die Reaktion: „Oh krass. Und ich dachte, wenn ich endlich in einer Beziehung bin, ist das Leben so easy." Nope. Das ist es nicht! Das Glück einer Partnerschaft ist kein Selbstläufer. Vielleicht hilft dir dieser Gedanke, dein Leben als Single nicht als „benachteiligten Status" zu sehen – sondern aus einem neuen Blickwinkel. Warte also nicht auf eine Beziehung, damit das Leben besser wird. Das Leben bleibt herausfordernd, schließlich wartet unser vollkommenes Glück tatsächlich erst im Himmel auf uns. Bis dahin haben wir die Chance, mit Gott an der Seite mutig die Herausforderungen anzugehen und zu Helden unseres eigenen Lebens zu werden.

Besser irgendeinen als keinen?

Ist dir dieser Gedanke auch schon mal gekommen? Irgendein Partner ist allemal besser als solo bleiben? Oh nein! Niemals! Das Leben ist viel zu wertvoll, um es einfach so mit „irgendeinem Erstbesten" zu verbringen. Aber klar: Wenn Torschlusspanik sich breitmacht und man als Frau zudem noch das immer lauter werdende Ticken der biologischen Uhr vernimmt, ist guter Rat teuer. Die Angst kriecht an den Herzwänden hoch und nimmt einem den letzten Rest von Hoffnung. Was passiert, wenn ich nicht heiraten werde? Und auch keine Kinder bekommen werde?

Auch wenn die Angst, etwas Wunderschönes zu verpassen, absolut verständlich und ganz und gar menschlich ist: Hilfreich ist sie nicht. Sie erhöht nur den Druck und damit die Gefahr für eine Kurzschlussreaktion. Man neigt dann vielleicht eher dazu, feste Prinzipien über Bord zu werfen, bloß um ja einen Partner zu bekommen. Das Risiko steigt, sich schneller auf Flirtereien und mehr einzulassen, ohne den anderen wirklich zu kennen.

Anstatt ernsthaft darüber nachzudenken, ob der andere wirklich der Mann ist, mit dem ich alt werden und meine Kinder erziehen will, kommt man unreflektiert mit ihm zusammen. Doch die Partner- Entscheidung prägt das Leben wie kaum eine andere, und deshalb sollte ich mir wirklich klar darüber sein, ob die Person zu mir und meinem Leben passt (siehe auch Kapitel 5). Torschlusspanik ist in keinem Fall ein guter Ratgeber.

Ich habe mich irgendwann dafür entschieden, an diesem Punkt keine Kompromisse zu machen und mir gesagt: Wenn es so sein soll, dass ich wirklich lange auf mein passendes Gegenstück warte, dann ist es eben so. Aber lieber spät mit einem Mann zusammenkommen, mit dem es wirklich passt, als früh „irgendeinen" zu heiraten – und mich dann eventuell viele Jahre mit ihm durchs Leben zu beißen. Wichtig war mir, dass ich jemanden treffe, bei dem sich in meinem Herzen Liebe meldet. Eine Liebe, die immer größer wird und die mich schließlich dann zu einem klaren Ja für die andere Person führt.

In der Frage „Passt dieser Mann zu mir?" keine Kompromisse zu machen heißt nicht, dass mein Partner tatsächlich alle meine Traumvorstellungen erfüllen muss. Eigene Vorstellungen über den Zukünftigen sollten ganz klar auf den Prüfstand gestellt werden. Es geht nicht darum, einen Traummann zu finden, der alle „Nice to have"-Eigenschaften mitbringt. Und auch nicht darum, jemanden zu heiraten, weil die Zeit fortgeschritten ist, sondern weil man genau diese Person vom Kopf und vom Herzen her anziehend findet und genau mit dieser einen Person das Leben teilen will. Und sich durch die Beziehung schließlich bestätigt, dass man ein gutes Team abgibt und gemeinsam das Leben meistern kann.

Kann es sein, dass Gottes Plan für so viele Singles das Alleinsein ist?

Ich kann mir das nicht vorstellen, das ist meine Meinung. Gott hat uns Menschen ganz klar als Beziehungswesen geschaffen. Wir sollen in Gemeinschaft leben und eben auch in ganz enger Gemeinschaft. Generell steigt die Anzahl der Singlehaushalte in Deutschland; fast vierzig Prozent leben alleine. Ich denke, dass es zum großen Teil unserer individualisierten Gesellschaft geschuldet ist: Wir haben es zunehmend verlernt, auf jemand anderen Rücksicht zu nehmen. Alles muss so laufen, wie man sich das selbst vorstellt. Man ist nicht bereit, Kompromisse einzugehen. Schon nach kurzer Zeit werden viele Beziehungen wieder gelöst. Es ist eben nicht einfach, die Bedürfnisse des anderen über die eigenen zu stellen. Ich wünsche mir so sehr, dass wir wieder anfangen zu lieben, aufeinander zugehen, uns von anderen Menschen schleifen lassen, dass wir die Meinungen anderer stehen lassen können. Schließlich sind all diese Qualitäten auch und gerade in einer Partnerschaft wichtig.

Interessiere dich für Menschen und nicht in erster Linie dafür, einen potenziellen Ehepartner kennenzulernen.

Klar: Um einen Partner zu finden, muss man sich auch auf den Weg machen und offen für ein potenzielles Gegenüber werden. Ich glaube, dass gerade die Angst vor einer Enttäuschung viele Singles blockiert und sie aus Selbstschutz eine Mauer um sich herumbauen. Aber wie soll da jemand andocken können? Es ist einfach nicht fair, die halbe Menschheit mit dem Label „Typisch

Mann" abzuqualifizieren und alle Männer in ein und dieselbe Schublade zu stecken. Nein, es sind eben nicht alle Männer „typisch Mann"! Geh doch mal raus und lerne Männer kennen. Nicht, um einen von ihnen direkt von der Stelle wegzuheiraten. Sondern vielmehr, um sein Herz kennenzulernen. Seine Geschichte. Seinen Charakter. Interessiere dich für Menschen und nicht in erster Linie dafür, einen potenziellen Ehepartner kennenzulernen. Öffne dich für Freundschaften zum anderen Geschlecht. Unterhalte dich mit Männern. Initiiere Treffen mit Freunden. Lade Leute zu dir nach Hause ein und genieße das Leben. Bete darum, dass Gott dir Gelassenheit schenkt und dich beim Kennenlernen von Männern schützt und dein Herz bewahrt, während du dich aus deinem Schneckenhaus befreist und mit einem Lächeln die Welt begrüßt. Und dann lass dich überraschen, was Gott für dich in petto hat!

Ehe ist eine wunderbare Erfindung Gottes, ein Rahmen, in dem ein Mensch in ganz enger Beziehung mit einem anderen Menschen leben kann. Trotzdem ist es mir hier wichtig zu betonen, dass die Sehnsucht nach verbindlicher Gemeinschaft keinesfalls nur durch eine Ehe „abgedeckt" werden kann. Auch alternative Lebensformen wie Wohngemeinschaften oder Kommunen kommen dem Leben in enger Gemeinschaft in hilfreicher Weise auf die Spur. Immer häufiger höre ich davon, dass sich ganz unterschiedliche Menschen zusammenfinden, um miteinander verbindlich Gemeinschaft zu leben. Sie investieren sich mit ihren Fähigkeiten in ein Wohnprojekt und profitieren von den Talenten anderer. Und so leben alte Menschen mit jungen Familien und Singles unter einem Dach. Ein hervorragender Weg, wie ich finde, um als Single Freude und Nöte mit anderen zu teilen und genauso auch selbst für andere da zu sein. Für Singles, die das wiederum zu groß und unübersichtlich finden und die sich nach einer kleineren „Familie" sehnen, kann die gerade unter Studenten beliebte WG eine gute Lösung sein. Dort lebt man vielleicht nur mit einer weiteren Freundin zusammen, aber hat so die Möglichkeit, mehr Gemeinschaft mit anderen in den Alltag zu integrieren. Allein schon das gemeinsame Essen oder das Bequatschen der Erlebnisse des Tages können Rituale werden, die das Leben lebenswerter machen und die Momente der gefühlten Einsamkeit minimieren.

Wenn man das Leben in einem Wohnprojekt oder in einer WG als „zu eng" empfindet, bleibt es trotzdem ein wichtiges Thema, wie man als Single den Wunsch nach Gemeinschaft für sich selbst beantwortet. Es ist bedeutend, sich als Single ehrlich die Frage zu stellen, ob man genügend Beziehungen und Kontakte hat. Gemeinschaft mit Menschen ist nötig und wertvoll, um ein erfülltes Leben zu haben.

An dieser Stelle möchte ich zwei mutige Singlefrauen zu Wort kommen lassen. Beide sind schon längere Zeit Single und haben sich deshalb schon so einige Gedanken zum Thema gemacht. Ich wollte von ihnen wissen, wie es ihnen mit dem Singledasein geht und wie sie ihr Leben gestalten.

Ella ist eine gute Freundin von mir, mit der ich schon vieles zusammen erlebt habe. Sie ist 32 Jahre alt und hatte noch nie einen Freund.

Ella, du hattest bisher noch keinen Freund.
Wie geht es dir mit dieser Tatsache?

Ella: Für diese Frage muss ich etwas weiter ausholen. In meiner Familie und bei meinem kulturellen Hintergrund[7] war es quasi vorprogrammiert, dass eine Frau, sobald sie erwachsen ist, relativ schnell heiratet. Auf mich wirkte das immer so: Die Männer sind diejenigen, die das spannende, abenteuerliche Leben mit interessanten Aufgaben haben – und als Frau gehört man dann irgendwie „nur" so dazu: zu ihm, zu seiner Familie, zu seinen Kindern. Dieses Modell erschien mir langweilig und vorhersehbar. Das verhieß mir nichts Neues. Keine Grenzen, die man überschreiten, keine neue Welten, die man erobern konnte. Dazu kam noch, dass ich ein sehr ruhiges Mädchen war – eigentlich immer der Liebling von allen, weil ich so unkompliziert und folgsam war. Als ich rund 20 Jahre alt war, haben mich diese Dinge innerlich sehr stark beschäftigt. Gleichzeitig war ich wie viele andere junge Frauen in diesem Alter auf der Suche nach einer Beziehung. In dieser Zeit kam dann Gott in mein Leben und dieser Moment veränderte mich komplett – denn jetzt hatte ich eine Beziehung und ein sehr starkes Gegenüber! Ich traute Gott irgendwie alles zu. Ein paar Monate nach diesem „Beziehungsstart" forderte er mich dazu heraus, in der Frage nach einem Partner ruhig zu werden und mich darauf einzulassen, nicht so früh zu heiraten. Das war natürlich eine

....
7   Ella ist Russlanddeutsche. 1990 ist sie mit ihren Eltern und Geschwistern von Russland nach Deutschland übergesiedelt. Der russlanddeutsche Hintergrund hat Jugendliche wie Ella immer wieder auf bestimmte Weise geprägt, gerade was die Themen Partnerwahl und Ehe angeht.

sehr krasse Herausforderung für mich, und auch wenn mich der Gedanke einerseits total begeisterte, habe ich mich andererseits auch gefragt, wie lange ich wohl in der Lage sein würde, so ein „Experiment" durchzuhalten. Aber ich habe diese Herausforderung angenommen und mit Gott ausgemacht, dass wir eine Grenze setzen, die bei 30 Jahren liegt. Ich habe ihn auch gebeten, dass er mir schon so um die zwei Jahre vorher viel Erkenntnis und Klarheit in der Frage nach Partnerschaft und Ehe gibt – sowohl biblisch als auch für mich persönlich.

Nachdem ich diese Entscheidung getroffen und mit Gott einen Rahmen dafür besprochen hatte, ging mein Leben eigentlich erst richtig los: Ich hab meine Ausbildung (zur Mechanikerin) abgeschlossen, mein Fachabitur nachgeholt, bin in diverse Länder gereist, habe ein BA-Studium abgeschlossen und vieles mehr. Das hat mir damals meine Frage voll beantwortet: dass Gott auf jeden Fall nicht nur Männer an Abenteuern und spannenden Aufgaben beteiligt! Frauen traut er genauso viel zu!

Mit meinem Deal mit Gott ging es mir eigentlich immer richtig gut. Aber jetzt, wo ich die 30 überschritten habe, denke ich natürlich wieder über diese Frage nach und mir ist mittlerweile auch klar, dass Gott Menschen nicht ohne Grund als Mann und Frau geschaffen hat und die Idee einer Familie, einer Beziehung eigentlich den Kern unserer Gesellschaft ausmacht. In letzter Zeit denke ich immer wieder, dass Partnerschaft und Ehe Herausforderungen sind, an denen ich noch nicht beteiligt bin.

Was bedeutet es für dich, auf „deinen Prinzen" zu warten?

Ella: (lacht) So habe ich es noch nie gesehen. Das ist eine interessante Formulierung. „Prinz" klingt für mich sehr nach einem Märchen. Nach einem perfekten oder erträumten „Erlöser", der nie einen Fehler macht. Also eindeutig nach einer Rolle, die nur Jesus selbst einnehmen kann. Ich denke, ich würde einen potenziellen zukünftigen Partner eher abschrecken mit einer so hochgesteckten Erwartung, die kein Mensch erfüllen kann. Aber vielleicht ist das ja auch nur meine Interpretation von einem „Prinzen" …

Als Single zu leben, in der Hoffnung, selbst irgendwann eine Partnerschaft und Ehe einzugehen, heißt für mich zunächst mal nichts anderes, als dass ich mich weiter darum bemühe, ehrlich mit mir selbst und vor Gott zu sein. Mein höchstes Ziel ist es, ein Mensch zu sein, der seine Entscheidungen im Einklang mit dem Willen Gottes trifft und immer bereit dafür ist, vielleicht gerade den letzten Tag auf der Erde gelebt zu haben. Mein Leben will ich entsprechend im Blick auf die Ewigkeit gestalten. Diese Sache mit einem Mann habe ich schon so oft durchdacht und auch schon so oft vor Gott gebracht (lacht). Ich denke, wenn ich mal wirklich jemanden kennenlerne, wo es von beiden Seiten her passt – und ich dann bereit bin, mich auf diese Beziehung einzulassen –, dann wird dieser Mann in besonderer Weise ein „Geschenk des Himmels" für mich sein.

Ella inspiriert mich mit ihrem Vertrauen in Gott. Sie hat ein ganz großes Herz für Hilfsbedürftige und setzt sich immer wieder leidenschaftlich für sie ein. Ella, danke für deine Freundschaft!

Eine weitere mutige Singlefrau ist Dina[8]. Sie ist 52 Jahre alt und Missionarin. Auch mit ihr habe ich gesprochen.

Dina, du bist schon länger Single.
Wartest du noch auf deinen Traummann?

Dina: Ob ich je auf einen „Traum"-Mann gewartet habe, weiß ich nicht. Jedenfalls schau ich nicht mehr bei jeder neuen Gelegenheit nach einem „Eventuell doch noch"-Mann für mich, wie es bis vor vielleicht zehn Jahren noch gewesen ist. Ich lebe versöhnt als Ledige.

Hast du die Gabe der Ehelosigkeit? Gibt es deiner Meinung nach die Gabe der Ehelosigkeit?

Dina: Bei verschiedenen Gabentests wird meist gefragt, ob man mit der Ehelosigkeit zurechtkommt. Wenn ja, dann habe man diese Gabe. Ob dies das wesentliche Kriterium sein kann, bezweifle ich. Ob es bei mir ein Gewordensein von meiner Biografie her oder eine wirkliche Gabe ist – da bin ich mir auch nicht so sicher. Auf alle Fälle sieht mein Leben jetzt so aus: Ich bin Missionarin und es erfüllt mich, wenn Menschen zum Glauben an Jesus kommen und mit ihm weiterleben. Außerdem gibt es immer wieder Zeiten, in denen ich Gottes Nähe besonders spüre (zum Beispiel in der Stille), was mich sehr glücklich macht. Bei ERF Online habe ich mal einen interessanten, hilfreichen Artikel gelesen. Darin heißt es: „Wer diese Gabe hat, ist im Großen

....
8   Realer Name ist der Autorin bekannt.

und Ganzen zufrieden damit, ein Single zu sein. Er findet in den freundschaftlichen Beziehungen zu anderen Menschen die nötigen sozialen Kontakte und erlebt dort auch Gemeinschaft. Das Bedürfnis, Single zu sein und zu bleiben, resultiert in diesem Fall jedoch nicht aus der Enttäuschung missglückter Beziehungen und einer daraus wachsenden Frustration, sondern aus einem klaren Bedürfnis, Gott ganz zu dienen."[9] Die passende Formulierung für mich lautet: Ich habe die Gnade der Ehelosigkeit. (Im Griechischen ist Gabe „Charismata" und „Charis" die Gnade.)

War das Thema Ehe und Familie für dich eine große Sehnsucht? Wie ist es heute?

Dina: Als ich 20 Jahre alt war, konnte ich mir nicht vorstellen, 30 Jahre oder älter zu werden und ohne Mann glücklich zu sein. Inzwischen bin ich über 50 und glücklich. Es war einfach gesellschaftlich das Normale: groß werden und Familie gründen. Außerdem ist ja auch eine natürliche Sehnsucht nach Partnerschaft in uns angelegt. Erstaunlicherweise hatte ich aber nie Torschlusspanik wie andere Frauen im entsprechenden Alter. Die Sehnsucht war nie so sehr stark vorhanden wie bei anderen, schätze ich.

....
9   Der vollständige Artikel von Susanne Molina Jácome ist zu lesen unter http://www. erf.de/index.php?node=2803–542–3293 (zuletzt aufgerufen am 26.10.2015).

Was hat dir damals geholfen, mit dieser Sehnsucht umzugehen?

Dina: Als ich 23 Jahre alt war und die meisten aus meiner Schulklasse schon verheiratet waren, redete ich mit einer fünf Jahre älteren Freundin, und sie gab mir den Tipp: Richte dein Leben so ein, dass du gut ehelos leben kannst, anstatt ständig nach Zweisamkeit zu schauen. Es ist besser, man richtet sich auf Ehelosigkeit ein und lernt dann eventuell doch noch jemanden kennen, als wenn man ständig Ausschau nach einem Partner hält und dann doch allein bleibt. Dieser Perspektivwechsel hat nicht von heute auf morgen geklappt, aber ich habe ihn im Laufe der Zeit stark verinnerlicht. Ob ich es zu stark verinnerlicht habe und dann dies auch ausgestrahlt habe, bleibt offen. Grundsätzlich waren und sind Freundschaften für mich sehr hilfreich. Außerdem das Wissen, was meinem Leib und meiner Seele guttut (Bewegung in der Natur, Musik, Hobby, Lesen, früher: Reisen). Außerdem habe ich innere Heilung durch Jesus erlebt und weiß, dass ER meinen Mangel ausfüllt. Dies ist vor allem in den letzten Jahren geschehen.

Was motiviert dich immer wieder dazu, etwas richtig Gutes aus dem Leben zu machen?

Dina: Das Leben selber motiviert mich. Warum sollte eine Ledige nichts Gutes aus dem Leben machen? Gutes Leben hat nichts mit dem Familienstand zu tun!

Ich hoffe, dass dich diese beiden Interviews inspiriert und deinen Horizont erweitert haben. Vielleicht haben dir Ella und Dina sogar ein bisschen die Angst vor dem Solosein genommen. Das wäre großartig.

Ich selbst habe mir immer wieder mal die Frage gestellt: Vielleicht will Gott gar nicht, dass ich heirate? Vielleicht will er ja lieber, dass ich alleine bleibe und ganz im Sinne von Paulus mehr Zeit für Gott zur freien Verfügung habe? Aber wie sollte ich denn der Antwort auf diese spannende Frage auf die Spur kommen? Ich habe im Laufe der Zeit für mich nicht die Antwort gefunden, dass ich für immer ledig bleiben sollte. Zu groß war und ist immer wieder die Sehnsucht nach Beziehung und Partnerschaft. Trotzdem versuche ich, meine Zeit als Single bewusst für Gott zu investieren. Ich habe mich bislang schon in verschiedenen Bereichen engagiert, bin auf viele Einsätze und Freizeiten mitgefahren. Und rückblickend empfinde ich es so, dass sich die ganze Arbeit und Mühe in Segen verwandelt hat. Es ist für mich ein ganz großer Schatz, den ich durch die diversen Projekte mitgenommen habe. Gott hat mich durch die Arbeit reichhaltig beschenkt und gesegnet. Daher kann ich nur sagen, dass sich die Arbeit im Reich Gottes lohnt. Es ist gut und richtig, wenn man sich als Single von Gott in Aufgaben und Projekte berufen lässt.

Mir fallen auf Anhieb weitere Menschen ein, die ihren persönlichen Freiraum als Single zur Ehre Gottes genutzt haben beziehungsweise es immer noch tun. Sei es Mutter Teresa, die sich in Kalkutta für Arme, Sterbende und Obdachlose, oder Shane Claiborne, der sich viele Jahre seines Singleseins für am Rande stehende Menschen in der Gesellschaft eingesetzt hat. Okay, das sind ein paar der ganz großen Vorbilder. Aber auch in meinem unmittelbaren Umfeld kommen mir auf Anhieb eine Menge Menschen in den Sinn, die ihr Singlesein bewusst für Gott nutzen und Großes bewegen. Dabei fällt mir auf, dass viele Singles eine besondere Kraft haben, Dinge anzupacken. Vielleicht ist es eine Leidenschaft, die aus dem Schmerz des Alleinseins freigesetzt wird? Oder auch einfach die Einstellung, dass Gott gerade durch das Singledasein in eine besondere Aufgabe beruft und er oder sie sich bewusst von ihm in diese Aufgabe senden lässt?

Wenn ich mich so umschaue, komme ich zu dem Schluss, dass Gott den möglichen Schmerz des Singledaseins häufig durch die Arbeit in seinem Reich in Segen verwandelt. Ja, viele Singles erleben, dass sie Gott auf besondere Weise erfahren. Und viele von ihnen sind durch ihr Leben ein großer Segen für Menschen in verschiedenen Leidsituationen, weil sie sich so leidenschaftlich und ganzheitlich für die Nöte anderer Menschen einsetzen. Ich vermute, dass viele missionarische Projekte und Organisationen heute nicht das wären, was sie sind, wenn sich nicht Singles von Gott für die Not anderer Menschen berufen lassen hätten und bereit wären, ihre Liebe und ihr Leben für andere zu investieren. Für mich liegt sehr deutlich auf der Hand, dass Gott Singles besonders gebrauchen will und kann, wenn sie ihre Sehnsucht in seine Hand legen und bereit sind, sich von ihm berufen zu lassen. Dann kann so viel passieren!

Dennoch glaube ich, dass man als Single die Kiste „Partnerschaft" nie endgültig verriegeln sollte. Man kann doch letztendlich gar nicht sagen, wen man morgen oder übermorgen treffen wird. Wie wäre es, wenn du für den *heutigen* Tag ein „Ja" zum Singlesein findest? *Heute* bist du noch Single und *heute* ist das auch gut so. Für *heute* hast du also noch die Berufung, als Single zu leben und Gott unverheiratet zu dienen. *Heute* hast du die Chance, als Single dein Leben anzupacken. Was (oder wer) auf deinem Lebensweg hinter der nächsten Kurve auf dich wartet, liegt eben in Gottes Hand. Es ist nicht so wichtig zu grübeln, was *morgen* sein wird und ob da jemand kommt … Stattdessen feiere dein Leben. *Jetzt.* Und *heute.* Und entdecke die Möglichkeiten, die du *heute* in deiner Hand hast.

Was tun, wenn man sich nach Sex sehnt?

Vielleicht bist du ja bereits versöhnt mit deinem derzeitigen Singlesein. Trotzdem erlebst du hin und wieder dieses innere Kribbeln und hast Sehnsucht nach dieser ganz intimen Nähe … nach Sex. Wie soll man damit umgehen?

Sex ist die schönste Nebensache der Welt, heißt es so schön. Wenn man Single ist und sich dafür entschieden hat, mit dieser schönsten Nebensache zu warten, bis man verheiratet ist, dann bleibt es erst einmal ein Geheimnis. Und je länger man Single ist, bleibt das Geheimnis ungelüftet. Hier mal paar Antworten von einigen Singlefrauen aus meinem Bekannten- und Freundeskreis auf die Frage, wie sie mit ihrer Sehnsucht nach Sex umgehen:

Sexualität ist ein Thema für mich, über das ich gerne und offen rede. Ja, ich wünsche es mir, einmal ein erfülltes und schönes Sexleben mit meinem zukünftigen Mann haben zu können. Weil ich glaube, dass es nichts Intimeres gibt und keinem bis jetzt gelebtem Gefühl gleichkommt. Die Sehnsucht nach Nähe, danach, berührt, geküsst und umarmt zu werden ist auf jeden Fall da. Sex ist etwas, auf das ich mich freue.

◯ Ich weiß gar nicht, ob ich eine richtige Sehnsucht nach Sex verspüre … So richtig setze ich mich mit dem Thema nicht auseinander.

◯ Es ist nicht direkt die Sehnsucht nach körperlichem Sex, die bei mir unerfüllt bleibt. Es ist vielmehr das Gefühl des Begehrtwerdens (dann auch irgendwann körperlich), das ich manchmal schmerzlich vermisse.

◯ In meiner „Anfangszeit" als Single stand das Thema Sex nicht im Mittelpunkt. Es war mehr die Sehnsucht, einen Partner zum Anlehnen zu haben. In den letzten paar Jahren ist die Sehnsucht nach Sex dazugekommen. Es gibt Phasen, in denen die Sehnsucht nach Sex und einer Partnerschaft stärker ist und dann erlebe ich wieder Phasen, wo die Sehnsucht zwar spürbar ist, aber nicht im Vordergrund steht.

◯ Die Sehnsucht nach Sex und besonders nach Zweisamkeit ist bei mir sehr hoch, zumal ich das aus früheren Beziehungen schon kenne. Ich vermisse das oft, besonders dann, wenn ich andere Paare sehe.

◯ Heute bin ich mir über meine Sehnsucht nach emotionaler und körperlicher Nähe (Sex) bewusst. Es ist ein Geschenk Gottes für mich. Die emotionale Liebe füllt ER aus. Das Bedürfnis nach körperlicher Liebe muss ich immer wieder an Gott abgeben. Es ist aber nach wie vor ein Kampf.

Jeder Frau geht es beim Thema Nähe und Sex sehr unterschiedlich. Vielleicht kommen einige von ihnen tatsächlich mit diesem Bedürfnis gut zurecht und es spielt in ihrer Gedankenwelt kaum eine Rolle. Trotzdem glaube ich auch, dass es viele Singlefrauen gibt, die sich die Frage stellen, wie Sex sein wird, wie sich das anfühlt und so weiter. Da ich eine eher neugierige Frau bin, muss ich ehrlich sagen, dass mich das Thema nicht kalt lässt. Ich sehne mich nach dieser von Gott geschaffenen Nähe. Es kann natürlich sein, dass Männer sich vor allem nach dem tatsächlichen Geschlechtsakt sehnen und Frauen vielleicht mehr nach der innigen Nähe. Aber however: Sowohl Männer als auch Frauen sehnen sich nach der Nähe des anderen. Wie gehe ich also als Single mit meiner Sehnsucht um, die erst einmal nicht gestillt werden kann, wenn ich mich dazu entschlossen habe, mit Sex bewusst bis zur Ehe zu warten?

Zuerst einmal: Sehnsucht nach Sex ist normal und von Gott gemacht! Es ist weder was Sündhaftes noch etwas, was man in jedem Fall unterdrücken muss. Gott selbst hat die Menschen als Mann und Frau geschaffen – mit dem gewissen Zauber, der in der Luft liegt. Gott hat Sex geschaffen, und das nicht nur zur Fortpflanzung, sondern auch, um den Ehepartner auf besondere Weise zu genießen und um sich gegenseitig dem anderen hinzugeben. Wenn beide Partner aufeinander Rücksicht nehmen und Sex wirklich in Liebe geschieht, ist Sex ein besonderes Geschenk. Warum also nicht Gott einmal für diese tolle Erfindung danken? Er selbst hat sich das ausgedacht und diese geheimnisvolle und faszinierende Form von Intimität geschaffen.

Sex ist tatsächlich nur *ein* Geschenk von Gott für den Menschen neben vielen anderen Geschenken.

Gerade wenn man sich als Single dafür entscheidet, mit dem Sex bewusst bis zur Ehe zu warten, kann die ungestillte Sehnsucht danach dazu führen, dass man Sex unbewusst eine überhöhte Bedeutung gibt. Die Vorstellung über Sex wird vielleicht durch Filmszenen geprägt, wo es heiß hergeht. Doch dabei darf man nicht vergessen, dass es eben von professionellen Schauspielern gespielte Szenen sind, wo nicht wirklich Sex stattfindet. Gerade weil Sex in unserer übersexualisierten Gesellschaft durch Werbung und Medien einen sehr hohen Stellenwert einnimmt, ist es nötig, verklärte Vorstellungen darüber zu hinterfragen. Sex wird in der Realität nicht immer so heiß und innig sein, wie man es aus Filmen kennt. In der Realität hat mal der eine Partner und mal der andere mehr Lust, wodurch es zu Spannungen kommen kann. Und immer wieder können Situationen auftreten, in denen Sex über einen gewissen Zeitraum gar nicht möglich ist. Auch kommen nicht beide Partner bei jedem Geschlechtsakt zum Höhepunkt (und nicht gleichzeitig). Es gibt also genügend Faktoren, wodurch Sex kompliziert werden kann und nicht mehr viel mit der „schönsten Nebensache der Welt" zu tun hat. Also: Wenn dich der Wunsch und die Sehnsucht nach Sex überrennt, ist es hilfreich, dich mal ganz realistisch damit auseinanderzusetzen. Sex ist nicht nur wunderschön.

Außerdem ist Sex tatsächlich nur *ein* Geschenk von Gott – neben vielen anderen Geschenken. Ja, das Thema Sex ist oft sehr präsent, gerade deshalb sollen die anderen guten Gaben, die er uns Menschen gibt, nicht ihren Reiz und ihre Besonderheit verlieren: intensive Freundschaften, die sich durch ganz unterschiedliche Zeiten bewährt und gefestigt haben. Besondere Talente, mit denen wir eine ganze Menge bewegen können. Genuss durch atemberaubende Natur, kulinarisches Essen und klangvolle Musik. Das Geschenk der Gemeinde, einen Ort, an dem wir mit anderen Menschen zusammen Familie Gottes sind. Ein toller Job, der uns fördert und fordert. Sport, Hobbys, Luxus und vieles mehr. Das Leben steckt voller Geschenke, wenn man sich auf die Suche danach macht. Sex ist nur eins davon. Es ist nicht mehr wert als die vielen anderen Sachen!

Als Single ist es meiner Meinung nach wichtig, sensibel dafür zu werden, wodurch die Sehnsucht nach Sex geweckt wird. Sind es Bilder, die ich mir anschaue? Sind es Liebesromane, die ich lese und die Sehnsüchte in mir wachkitzeln? Ist es vielleicht das heiße Bettgeflüster in Filmen? Oder vielleicht auch Gespräche mit Freundinnen, die schon Erfahrung mit Sex haben und davon blumig erzählen? Vor einiger Zeit hatte ich mich mit einer verheirateten Freundin häufiger über Sex unterhalten. Wir beide sind sehr eng miteinander befreundet, und deswegen fiel es ihr nicht schwer, in unserer vertrauten Beziehung auch über ihr Sexleben zu sprechen. Ich fand es natürlich interessant, weil ich eben noch keine Sex-Erfahrungen habe. Im Laufe unserer intimen Gespräche merkte ich allerdings, dass ich dadurch viel häufiger über Sex nachdachte. Die Gespräche weckten in mir ganz klar eine Sehnsucht. Als ich das erkannte, habe ich ihr das offen gestanden. Ich habe ihr gesagt, dass ich unsere Freundschaft sehr schätze und auch dankbar bin, dass wir so offen über intime Dinge reden können. Trotzdem würde ich mir wünschen, dass sie mir zukünftig nicht mehr so viel über Sex erzählt, weil das in mir die Sehnsucht danach wecke, und es mich gleichzeitig frustriere, dass ich das eben noch nicht erlebe. Es ist wichtig, ehrlich in sich reinzuhören und bewusst Türen zu schließen, um sich selbst zu schützen und das Leben *heute* zu genießen. Lass dir deinen Freiraum nicht von Dingen rauben, die *heute* noch nicht für dich dran sind.

Wer ist der Richtige für mich und wie erkenne ich Gottes Willen?

Wer ist der Richtige? Eine Frage, die erdrückend sein und einem regelrecht die Luft zum Atmen wegnehmen kann. Bloß keine falsche Entscheidung treffen! Bloß nicht danebenliegen! Gerade diese große Entscheidung muss fix sein. Aber weißt du was? Ich glaube, Gott lässt dir da die freie Wahl. Er gibt dir Empfehlungen an die Hand, die wertvoll für eine erfolgreiche Partnerschaft und Beziehung sind. Ja, es ist zum Beispiel eine gute Empfehlung, dass der Partner Jesus liebt und ihm in jedem Bereich seines Lebens Raum gibt. Wenn er Jesus folgt, hat das klare Konsequenzen auf die Beziehung und dein Leben. Darauf würde ich persönlich niemals verzichten wollen. Mein Herz schlägt für Jesus und ich will zur Ehre Gottes leben. Das gilt auch für meine Partnerschaft und irgendwann auch für meine Familie.

Doch natürlich kann es auch sein, dass Partnerschaften trotz der gemeinsamen Beziehung zu Gott nicht halten. Ich hatte schon einige Beziehungen. Heißt das also, dass meine Ex-Beziehungen nicht Gottes Wille gewesen sind? Das kann ich nicht sagen. Wir haben uns kennengelernt und viel Zeit miteinander verbracht.

Der Mann zum Beispiel, den ich mit 20 Jahren kennengelernt hatte, liebte Jesus sehr und wünschte sich, ihm immer ähnlicher zu werden. Das war genau der Punkt, der mir auch total wichtig war. Alles andere passte scheinbar auch und so hatte ich mich auf die Beziehung eingelassen. Leider hielt sie nicht sehr lange. Sie kam irgendwie nicht richtig ins Rollen. Anstatt dafür zu kämpfen oder uns die Frage zu stellen, wie wir uns besser aufeinander einlassen könnten, setzten wir einen Punkt. Die Beziehung war damit aus. Hätten wir für die Beziehung kämpfen können? Ja. Hätte es vielleicht auch klappen können? Ja. Wäre es vielleicht anders ausgegangen, wenn wir schon ein wenig reifer gewesen wären? Ja, möglicherweise. Wie auch immer: Ich glaube nicht, dass Gott etwas gegen diese Beziehung hatte. Wir haben sie in seinem Willen geschlossen. Auch wenn sie nicht gehalten hat.

Natürlich liegt es dann an mir, versöhnt mit so einer Erfahrung zu leben, die Verletzungen und den Schmerz der Trennung bei Gott abzugeben und hoffnungsvoll nach vorne zu schauen.

Ich bin davon überzeugt, dass Gott bereit ist zu segnen, was in seinem Willen geschieht. Er gibt mir die Bibel an die Hand und teilt mir darin seine Gedanken und seinen Traum für mein Leben mit. Mit diesem großen Schatz im Herzen darf ich durch mein Leben gehen. Ich begegne Menschen und lerne sie kennen. Mit dem einen verstehe ich mich besser als mit dem anderen, das ist einfach so. Ja, und manchmal finde ich jemanden richtig toll und anziehend: Gefühle entstehen. Das darf ich genießen und mich auch darauf einlassen. Natürlich freut Gott sich sehr, wenn ich mit ihm immer wieder über meine Begegnungen spreche und ihn Anteil haben lasse an meinen Gedanken und Gefühlen. Wenn dann der Mann auch ein Auge auf mich wirft und sich auf mich einlässt, ist das wunderschön. Ein Wunder. Ein Geheimnis. Was man vielleicht einige Zeit davor noch nicht geahnt hatte, ist plötzlich Realität. Und fängt an zu wachsen. Im Rückblick staunt man oft, wie Gott Menschen zueinandergeführt hat. Es liegt aber auch entscheidend an einem selbst, ob man sich vorstellen kann, mit dem anderen sein Leben zu teilen, also irgendwann zu heiraten.

Was wie ein riesengroßes Rätsel erscheint – den Partner fürs Leben zu finden –, ist eigentlich gar nicht so ein großes Rätsel oder eine hoch komplizierte Aufgabe. In der Dynamik des Lebens trifft man auf so viele Menschen und irgendwann und irgendwo erkennt man dann vielleicht, dass es der richtige Partner ist. Aber da gibt es eben auch keine Garantien. Und auch kein Patentrezept, wie man „ihn" findet. Hier spielen so viele Aspekte eine Rolle. Und nicht zuletzt Gott, der die Wege von Menschen kreuzen lässt.

Gebet um einen weisen Umgang mit der Zeit als Single

Gott,

mir ist klar geworden, dass das Singledasein eine Menge Schätze in sich birgt. Ja, oft sehe ich sie nicht, weil ich endlich eine Beziehung haben möchte. Aber ich ahne jetzt, dass meine Zeit als Single sehr viel Potenzial hat. Ich weiß nicht, was morgen sein wird. Ich weiß auch nicht, was übermorgen sein wird. Aber ich weiß, was heute ist. Und den heutigen Tag will ich bewusst in meine Hand nehmen und diesen Tag für dich leben. Bitte sende mich zu Menschen, die mich brauchen.

Bitte berufe mich in Projekte, in denen mein Talent benötigt wird. Bitte mach mich hellhörig für die Not von Menschen, denen ich unter die Arme greifen kann. Ich sehne mich so sehr danach, dass mein Leben bedeutsam und sinnerfüllt ist. Bitte stärke in mir das Wissen, dass du einen wunderbaren Weg mit mir gehst. Stärke in mir den Glauben, dass du mir einen passenden Partner schenken kannst – wenn es für mich dran ist. Aber bis dahin schenke mir immer wieder vielversprechende Perspektiven, wie ich mich in dein Reich investieren kann. Und immer wieder Motivation und Rückenwind für Aufgaben und meine Beziehungen. Jesus, ich weiß nur eins: Weil du dabei bist, darf ich mich entspannen und mich über mein Leben freuen. Weil du dabei bist, wird es auf jeden Fall gut! Amen.

Bete und er wird schon kommen. Oder?

Herr, du kennst meine Sehnsucht,
du hörst mein Seufzen!

Psalm 38,10; Hfa

Bete und dann wird er schon kommen! Kennst du diesen Satz? Dieser Ansatz in der Partnersuche ist recht weit verbreitet. Ich will jetzt nicht sagen, dass der Gedanke grundsätzlich falsch ist. Aber richtig ist er auch nicht. Gott hat uns einen Kopf auf den Hals gesetzt, den wir zum Denken und Entscheiden nutzen dürfen. Natürlich prägt Jesus unser Denken, wenn wir mit ihm unterwegs sind. Er formt unsere Einstellungen, und das hat dann auch klare Auswirkungen auf grundlegende Entscheidungen im Leben. Gleichzeitig glaube ich auch, dass er die Fäden in der Hand hat und alles irgendwie verborgen und geheimnisvoll führt. Von dieser Sicht her ist der Gedanke „Bete und dann wird er schon kommen!" gar nicht so falsch. Insgesamt bleibt es aber meiner Meinung nach eher ein „Beten und Handeln". Beides muss Hand in Hand gehen. Daher will ich gerne auf einige Themen eingehen, die die Partnersuche entfernt oder auch direkt beeinflussen.

Gibt es platonische Freundschaft?

Uff, immer wieder wird dieses Thema heiß gekocht. Immer wieder gibt es Artikel auf Blogs oder in Zeitschriften. Will immer einer von zwei platonischen Freunden etwas von dem anderen oder ist es tatsächlich möglich? Ist es nur möglich, wenn einer der beiden vergeben ist? Und wenn einer vergeben ist, ist das dann nicht ein Problem für seine Partnerin? Was ist überhaupt platonische Freundschaft? Fragen über Fragen. Ein Fass ohne Boden, worüber man stundenlang reden und diskutieren kann. Auch die Frauen, die ich während des Schreibens an diesem Buch befragt habe, sind da ganz unterschiedlicher Meinung:

Für mich besteht eine Tatsache: Freundschaft mit einem Mann ist immer anders als die mit einer Frau. Irgendwann knistert es auf einer Seite, auch wenn man sich das nicht eingestehen möchte.

Mit Männern, die befreundet oder verheiratet sind, komme ich besonders gut aus, und es macht Spaß, mit ihnen rumzublödeln. Ich weiß, wo er steht, und brauche mir keine Gedanken zu machen. Freundschaften zu Singlemännern habe ich mittlerweile auch, die finde ich allerdings nicht ganz so entspannt.

Ich hatte einige Freundschaften zu Männern. Nach einer Zeit habe ich gemerkt, dass es nicht funktioniert, weil Männer und Frauen nicht „einfach" Freunde sein können. Aus diesem Grund habe ich nur meine Mädels zum Lachen, Weinen und Probleme lösen.

Ich habe Freundschaften zu Männern. Diese sind aber emotional nie so tiefgehend wie bei meinen Freundinnen.

Ich glaube, dass nicht jeder Mensch dazu in der Lage ist, platonische Freundschaften zu führen. Ich bin mir aber sicher, dass es funktionieren kann. Ich selbst hatte zehn Jahre lang einen besten Freund.

Ich habe keine guten Freundschaften zu Männern, weil die meisten Freundschaften mit Männern mit der Frage endeten, ob wir eine Beziehung starten oder nicht. Da entweder ich oder der Mann nicht für eine Beziehung miteinander bereit war, zerfielen diese Freundschaften und meistens blieb einer von uns beiden verletzt zurück.

○ *Mir sind diese Freundschaften zu Männern sehr wichtig, weil Männer die Welt sachlicher und nicht so emotional betrachten, wie es Frauen oft tun. Und dieser Perspektivwechsel hilft mir immer wieder.*

○ *Ich habe gute Freundschaften zu Männern. Ich lerne viel von ihnen, sie stärken mich, sie trösten mich, sie sind wie Brüder für mich. Sie fordern mich heraus, sie lachen mit mir ... Sie bedeuten mir sehr viel und sind echt kostbar für mich. Ich liebes es auch zu erfahren, wie das andere Geschlecht die Dinge betrachtet.*

Die Meinungen zum Thema gehen weit auseinander. Jede Frau und jedes Mädchen macht ihre eigenen Erfahrungen und das prägt die persönliche Meinung. Ich selbst habe immer wieder gute Freundschaften mit Männern gehabt und habe sie auch heute noch. Allerdings sind das nie Freundschaften, die den Platz einer besten Freundin streitig machen würden. Ich habe mit meinen Kumpelfreunden noch nie abends stundenlang telefoniert oder so. Bislang waren es meist eher lockere, kumpelhafte Freundschaften, die sich auch eher in der Clique abgespielt haben.

Einige Male wurden daraus auch engere Freundschaften, sodass wir uns in einer Bar zu zweit getroffen haben oder auch länger spazieren gegangen sind. Wir haben uns intensiv über den Glauben ausgetauscht und waren ehrlich voreinander. Ich habe diese Freundschaften sehr geschätzt. Vielleicht auch gerade aus dem Grund, dass ich selbst keinen Bruder habe und ich es daher spannend fand zu hören, wie Männer über dies oder jenes denken. Ich weiß, dass häufig der Einspruch kommt, es gäbe keine platonischen Freundschaften. So schnell würde sich einer von den beiden Hoffnungen machen und andere Absichten hegen ... Und es stimmt schon. Es gab auch bei mir schon Momente, wo ich überlegt habe, ob aus der kumpelhaften Freundschaft vielleicht mehr werden könnte. Manchmal fand (und finde) ich es schwierig, diese Spannung auszuhalten, nicht zu wissen, ob mehr drin ist oder nicht. Es gab auch schon Beziehungen, bei denen ich es ziemlich leid war, mich in solche verzwickten Situationen reinzumanövrieren, und dann wollte ich – extrem wie ich bin – am liebsten gar keine Freundschaft zu einem Mann mehr haben und alle bestehenden Freundschaften zu Männern abbrechen.

Also: Können Freundschaften zum anderen Geschlecht tatsächlich funktionieren?

Ich stelle die Überlegung an, ob man die Frage nach der platonischen Freundschaft tatsächlich beantworten muss. Ich bin der Meinung, dass Freundschaften Geschenke sind. Und dass man diese Geschenke dankbar annehmen darf und sie genießen kann. Wichtig ist natürlich, dass im Zweifelsfalle auch die Beziehung zueinander angesprochen wird und beide voneinander wissen, woran sie sind. Wenn Gefühle bei einem von beiden entstehen, ist es fair, es dem anderen mitzuteilen. Damit er entscheiden kann, ob er diese Freundschaft auch weiterhin intensiv führt oder sie aus Rücksicht zum anderen ein wenig „zurückfährt". Oder sich zurückzieht, um sich über seine eigenen Gefühle dem anderen gegenüber klar zu werden.

Wenn sich dann tatsächlich mehr entwickelt, ist es doch schön. Das ist absolut kein Grund zu sagen: „Habe ich doch gewusst, dass es keine platonische Freundschaft ist!" So ein Quatsch! Ist es nicht schön, wenn man seinen zukünftigen Partner bereits durch eine wertvolle, intensive Freundschaft wirklich kennengelernt hat, ihn dadurch auch hervorragend einschätzen kann – und damit eine gute Entscheidung für das Leben treffen kann? Das Thema bleibt natürlich ein wenig umstritten. Wenn in einer platonischen Freundschaft die Hoffnung auf eine Beziehung zerplatzt, können Verletzungen entstehen, mit denen man erst einmal zurechtkommen muss. Aber die Resonanz zwischen zwei Menschen ist immer so individuell, dass man aus diesem Grund hier keine „goldene Regel" festschreiben kann. Der eine hat eben absolut keine Probleme, sich auf gesunde Art mit dem anderen Geschlecht zu befreunden, dem anderen würde ein solches „Spannungsfeld" einfach nicht guttun, und er setzt sich daher nur in der Gruppe mit dem anderen Geschlecht auseinander.

Während der eine davon überzeugt ist, hat der andere dazu eine ganz andere Meinung, weil er eher die Gefahren sieht. Da muss jeder für sich einen guten Weg finden. Ich persönlich würde aber dazu ermutigen, gute Freundschaften mit Männern zu führen, um ganz natürlich mit dem anderen Geschlecht umgehen zu lernen. Diese Freundschaften sind so kostbar für das Leben, auch wenn nicht jede mögliche Spannung vermeidbar ist. Außerdem ist es einfach so: Männer sind nicht in erster Linie potenzielle Heiratskandidaten, sondern einfach Menschen, die genauso wie das eigene Geschlecht zum Leben dazugehören. Da wäre es schade, wenn man nicht ganz normal mit ihnen umgeht und das Leben mit ihnen teilt. Im gesunden Miteinander haben sich Frauen und Männer untereinander so viel zu geben und profitieren voneinander. Also: Be friend and enjoy friendship!

Wo finde ich eigentlich einen Partner, der Christ ist?

Alle Wege führen nach Rom, heißt es in einem Sprichwort. Und es stimmt: Es gibt kein Schema F zum Zukünftigen. Natürlich kann man ihn überall treffen: Du stehst im Supermarkt an der Kasse, er lässt dich vor und ihr verwickelt euch in ein angeregtes Gespräch, dass ihr in einem Café nebenan fortführt ... Oder du gehst mit Freundinnen in eine Bar zum Cocktailtrinken, und da lernst du einen charmanten jungen Mann kennen, der sogar Christ ist ... Das kann natürlich vorkommen. Doch es gibt Orte, wo man ihn mit größerer Wahrscheinlichkeit treffen kann. Zum Beispiel auf christlichen Veranstaltungen oder Freizeiten. Gerade Freizeiten können tolle Möglichkeiten sein, um andere Singles kennenzulernen. Auf einer Freizeit hat man nämlich die Möglichkeit, den anderen ein wenig in den Blick zu nehmen, ohne direkt in ein intensives Gespräch einzusteigen. Wenn sich Gelegenheiten bieten, kann man den anderen ja näher kennenlernen. Entspannt, oder?!

Natürlich kann auch die eigene Kirche oder Gemeinde ein Ort sein, wo man andere Singles kennenlernen kann. Wenn es dort aber keine gibt, kann das möglicherweise ein Grund sein, sich einer anderen Gemeinde anzuschließen und so den Freundeskreis zu vergrößern. In der Gemeinde läuft man sich eben häufig über den Weg, und damit besteht die Chance, viele Menschen auf ganz natürliche Weise kennenzulernen.

Auch die ehrenamtliche Mitarbeit ist eine gute Möglichkeit,

um andere kennenzulernen. Dabei gibt es so vielfältige Möglichkeiten, vom Mitarbeiterteam in der Gemeinde über Missionseinsätze und Freizeiten bis hin zu Kurzzeitjobs in der Mission. Die Auswahl einer Freizeit oder eines missionarischen Einsatzes sagt oft schon einiges über die Leute aus, die dorthin fahren. Von daher ist es auch kein Wunder, dass gerade auf Missionseinsätzen und Freizeiten schon viele Menschen ihren Partner gefunden haben. Zwar wird das immer belächelt, aber auch auf Bibelschulen entstehen viele Paare. Und das ist gut so! Natürlich sollte man sich nicht einzig und allein aus Sehnsucht nach einem Partner in einer Bibelschule anmelden. Dennoch liegt klar auf der Hand, dass Bibelschüler eine Sache stark verbindet: der Wunsch, der eigenen Berufung auf die Spur zu kommen und mehr über Gott zu erfahren. Viele von ihnen haben den ideellen Wunsch, dass der zukünftige Partner sich auch intensiv mit Gott auseinandersetzt und bereit ist, sich von Gott gebrauchen zu lassen. Da ist es doch schön, wenn Menschen in dieser wegweisenden Zeit der Bibelschule auf jemanden treffen, der ähnlich unterwegs ist!

Die genannten Möglichkeiten, einen Partner kennenzulernen, haben den Vorteil, dass man den anderen in der Gruppe erst einmal ganz entspannt „beschnuppern" kann und einen hilfreichen Gesamteindruck von ihm bekommt. So kann man in Ruhe überlegen, ob man jemanden interessant findet oder nicht. Aber es gibt darüber hinaus noch andere Möglichkeiten, auf einen potenziellen Partner zu stoßen. Diese Wege sind vielleicht ein wenig inszeniert, mag sein, aber ich würde sie trotzdem nicht verachten. Auch über kreative Formen des

Kennenlernens haben schon viele Menschen die Liebe ihres Lebens gefunden.

Singlebörse: Top oder Flop?

Ich finde es immer absolut spannend zu erfahren, wie ein Paar zueinander gefunden hat. Wenn ich jemanden kennenlerne, dauert es häufig nicht länger als fünfzehn Minuten, bis ich die Frage stelle: „Und, wie habt ihr euch kennengelernt?" Liegt das irgendwie in der Natur der Frau, dass sie sich immer so stark für Beziehungsgeschichten interessiert? Oder bin nur ich so? Wie auch immer, ich finde es äußerst interessant zu hören, wie sich ein Mann unter zig Millionen Männern und eine Frau unter zig Millionen anderer Frauen füreinander entschieden haben. Wenn dann meine Frage raus ist, kann es passieren, dass meine Gesprächspartnerin ein wenig anfängt herumzudrucksen. Und irgendwann dann etwas leiser, mit einem verlegenen Gesichtsausdruck, sagt: „In einer Singlebörse." So, als wäre das ein Grund, sich dafür zu schämen. Doch Moment mal! Meiner Meinung nach ist es absolut okay, sich in einer Singlebörse mit einem netten Profil vorzustellen … und sich dann überraschen zu lassen, was passiert. Aber natürlich sollte man das nicht blauäugig angehen, sondern sich schon im Vorfeld bewusst Gedanken zum Thema Singlebörse machen.

Think about:

- Immer wieder lerne ich Paare kennen, die sich durch eine Singlebörse gefunden haben und mittlerweile verheiratet sind. Es scheint also zu funktionieren. Warum auch nicht? Gott kann selbstverständlich auch über den virtuellen Weg

Menschen zusammenbringen, schließlich ist er ein Trendsetter und hat nicht nur die Strategie „ein wunderschöner Garten und zwei nackte Menschen" in petto! Es geht eben auch anders. Warum ihm nicht die Möglichkeit dazu geben?

- Viele Singles sind jahrelang in einer Partnerbörse aktiv und trotzdem immer noch Single. Also ganz große Erwartungen sind hier fehl am Platz. Man kann es mal versuchen, aber sollte da auch keine illusorischen Vorstellungen haben. Leider stellt sich der Erfolg nicht in jedem und auch nicht in jedem zweiten Fall ein. Die Anmeldung bei einer Partnerbörse ist also kein Selbstläufer ins Glück zu zweit.

- Es ist meiner Meinung nach ein wenig gefährlich, wenn man sich mit Torschlusspanik auf die Partnersuche begibt und sich in der Partnerbörse anmeldet. Wenn der Wunsch nach einem Partner die einzige Gemeinsamkeit ist, wird es eng. Es braucht Zeit, sich auf sein Gegenüber einzulassen und ihn wirklich kennenzulernen. Erst nach einer gewissen Zeit kann man dann besser bewerten oder für sich klarkriegen, ob das tatsächlich die Person ist, mit der man das gesamte Leben teilen will. Und Achtung: Wenn nichts Unvorhergesehenes dazwischenkommt, ist das Leben wirklich SEHR lang! Da ist eine in Ruhe getroffene Entscheidung goldwert.

- Auf Partnerbörsen checken sich viele potenzielle Partner gegenseitig ab. Das ist vielleicht ein wenig wie auf einem Markt. Man beschnuppert sich ein wenig, und wenn es beiden gefällt, dann schreibt man sich häufiger oder gibt einander sogar die private Handynummer raus. Doch mach dir bewusst, dass es durchaus sein kann, dass jemand gerade mehrere laufende Anbändelungen hat. Da kann es vorkommen, dass man einen Mann richtig toll findet und sich schon ein Traumschloss baut ... bis man feststellt, dass die Sache nur einseitig ist und der anvisierte Mann plötzlich mit einer anderen zusammenkommt. Autsch! Die Suche in einer Singlebörse kann also sehr abrupt enden. Und Zurückweisung tut immer weh. Vielleicht kommt es auch tatsächlich zu einem Date, aber danach hört man nie wieder was von dem anderen. So schön es ist, per Mausklick auf eine große Masse an potenziellen Partnern zu treffen, so ist auch klar, dass dadurch die Häufigkeit an potenziellen Verletzungen steigt. Die tiefe Sehnsucht nach einem Gegenüber führt Menschen auf so eine Plattform, daher ist Herzschmerz immer nur einen Hauch entfernt. Wer sich in eine Singlebörse begibt, sollte ein gutes und starkes Selbstbewusstsein haben und sich über seinen eigenen Wert im Klaren sein. Sonst wird man von einer Abfuhr hart getroffen.

- Auf seinem Profil zeigt man sich in der Regel von seiner Schokoladenseite. Doch jeder Mensch hat eben auch seine Ecken und Kanten, die aber auf dem Profil natürlich nicht sichtbar sind. Den perfekten Partner gibt es nicht. Da finde ich die Rubrik „Echte Profile" im Jugendmagazin „Neon" gar nicht so schlecht. Anstatt sich nur von der Schokoladenseite zu zeigen, schreiben junge Erwachsene dort auch von ihren blinden Flecken und negativen Seiten. Ganz nach dem Motto: „Es kann nur noch besser werden." Vielleicht ist ja dadurch die Erwartungshaltung gegenüber dem potenziellen Partner nicht so hoch?

Meine Befragung unter Singlefrauen hat ergeben, dass die meisten eher skeptisch sind, was das Thema Partnerbörse angeht:

Wirklich Erfahrung habe ich mit Singlebörsen noch keine gemacht. Klar kann da was Gutes draus entstehen. Aber ich denke, wenn Gott tatsächlich jemanden für mich hat, dann kann ich den auch ohne Singlebörse kennenlernen. Singlebörsen haben für mich immer so einen „Ich bin auf der Suche"-Charakter, und das finde ich nicht so gut.

Mit Singlebörsen habe ich schon Erfahrungen gemacht, die hätte ich mir jedoch auch sparen können. Ich wurde von drei oder vier Jungs angeschrieben und als ich ihnen geantwortet hatte, kam nichts mehr zurück.

Ich finde es anstrengend, alles aufschreiben und sich so viele Gedanken machen zu müssen, was man dem anderen nun schreibt. Ich bin eher der Typ, der sich mit dem Gegenüber von Angesicht zu Angesicht unterhält. Ich möchte wissen, wie er reagiert, ob er mich anschaut, ob es ihn interessiert, was ich erzähle … Singlebörsen mögen für einige echt ein gutes Medium sein, für mich allerdings nicht so wirklich.

Ich habe schon oft gehört, dass sich Menschen über Singlebörsen gefunden haben. Ich bin aber nicht der Typ dafür. Ich freue mich über jede Minute, die ich nicht am PC verbringen muss.

Singlebörsen sind für mich keine Option. Ich finde sie trotzdem nicht verwerflich; wir leben in einer Medienwelt und

viele Freundschaften werden heutzutage übers Internet begonnen.
Partnerbörsen haben für mich allerdings auch den Beigeschmack
von „verzweifelten Menschen, die Angst haben, aufgrund ihres
Alters keinen Partner in der ‚realen' Welt zu treffen".

◯ *Ich habe noch keine Erfahrungen mit Singlebörsen gemacht und würde diese auch nicht machen wollen, weil ich meinen Partner nicht über sein Profil kennenlernen möchte, sondern als Mensch mit all seinen Charakterzügen. Außerdem weiß man ja nicht, inwiefern die Profildaten der Wahrheit entsprechen.*

◯ *Ich habe immer gesagt, dass ich erst mit 30 Jahren auf eine Singlebörse gehe. Singlebörsen sind, denke ich, eine gute Sache, und ich glaube auch, dass sich viele Paare dort gefunden haben und es auch auf Dauer klappt. Für mich persönlich wünsche ich mir jedoch, dass ich im „normalen" Leben meinen Mann treffe.*

Verkupplung: Top oder Flop?

„Never ever" ist häufig die Reaktion, wenn Partnersuche (ein ernsthaftes Thema!) mit spielerischer Leichtigkeit in Verbindung gebracht wird. Irgendwie existiert bei vielen Singles an diesem Punkt eine Hemmschwelle, die sie zurückhält, sich ganz unbefangen und experimentell dem Thema Partnersuche anzunähern. Dabei gibt es ganz unterschiedliche und witzige Formen, wie man seinen Partner kennenlernen kann. Eine davon ist die Verkupplung.

Eine Freundin von mir hat das ganz positiv erlebt, verkuppelt worden zu sein. Sie erzählt:

Ich hätte nie gedacht, dass ich meinen heutigen Ehemann durch eine Verkupplungsaktion kennenlernen würde, aber genau so war es. Damals war ich 27 und schon ziemlich gefrustet. Jahrelang hatte ich nach dem Mann fürs Leben Ausschau gehalten: in der Studentengruppe meiner Gemeinde, auf christlichen Freizeiten und sogar auf christlichen Dating-Seiten. Herausgekommen war dabei nichts. Gerade als ich mal wieder einer alten Flamme hinterhertrauerte, sprach mich eine gute Freundin an: „Ich kenne da wen, der würde zu dir passen." Ich rollte mit den Augen, dachte mir meinen Teil, sagte dann aber: „Na, dann stell mich ihm mal vor." Meine Freundin kannte mich recht gut und, na ja, wie schlimm konnte es schon werden? Als sich auf Anhieb kein Termin für ein „Date" ergab, hakte ich sogar noch mehrfach bei ihr nach. Ich wollte um diese neue Erfahrung in meinem Singledasein nicht beraubt werden.

Und dann war Tag X da. Ich traf meinen heutigen Mann zum ersten Mal. Um es nicht zu offensichtlich zu machen, lud meine Freundin außer uns beiden noch einen gemeinsamen Freund zum Abendessen ein. Im Vorhinein hatte ich mir Sorgen darüber gemacht, dass es ein peinlicher Abend werden könnte, aber sobald wir feststellten, dass wir viele gemeinsame Bekannte hatten, lockerte sich die Atmosphäre. Worüber wir uns an diesem Abend genau unterhalten haben, weiß ich heute nur noch in Teilen. Ich kann mich nur daran erinnern, dass es ein lustiger und kurzweiliger Abend war.

Interessanterweise war es ein eher deftiger Scherz, der mich endgültig für meinen Mann einnahm. In dem Moment dachte ich: „Cool, er ist Christ, aber dennoch nicht verklemmt, genau wie ich." Über beide Ohren verliebt war ich nach dem ersten Treffen

aber noch nicht, zumindest hätte ich das damals noch nicht zuge-
geben. Dennoch war ich mir unsicher, ob auch er mich interessant
fand. Nach einer kleinen Wanderung zu viert und einigen Treffen
zu zweit klärte sich aber auch diese Frage sehr schnell: Auch er
hatte mich auf Anhieb sympathisch gefunden und war noch nicht
mal abgeschreckt, als meine Freundin ihm meine ganzen Nah-
rungsmittelunverträglichkeiten aufzählte.

Ich bin davon überzeugt, dass Gott unser Kennenlernen be-
wusst gelenkt hat. Weil ich von diesem Abend nur wenig erwar-
tete, machte ich mir keinen Druck und konnte ganz ich selbst sein.
Und da mein Zukünftiger auch nichts davon ahnte, war auch er
ganz entspannt. Heute würde ich sagen, dass es für uns beide in
der damaligen Situation die perfekte Art war, uns kennenzuler-
nen. Mittlerweile sind wir seit fast zwei Jahren verheiratet.

Ist doch eine geniale Geschichte, oder? Wie gut, wenn Freunde
auch für einen mitdenken und einem zum Glück verhelfen! Die
Geschichte ist kein Einzelfall. Auch eine weitere Freundin von
mir hat ihren Ehemann über eine lustig eingefädelte Verkupplungsaktion kennengelernt. Sie erzählt:

Gerade hatte ich mein Studium beendet und war mal wieder auf
dem Tauernhof[10], als Mitarbeiterin auf einer Freizeit für Kinder.
Meine amerikanische Freundin Julie arbeitete in dieser Zeit auch
dort mit. Eines Tages bat sie mich, sie zu einem Double-Date zu
begleiten. Ihre einzige Anmerkung dazu: Es seien zwei Typen aus

....

10 Der Tauernhof gehört zur Missionsgemeinschaft der Fackelträger, einer internatio-
nalen, überkonfessionellen, christlichen Organisation.

Deutschland, die echt in Ordnung wären. Die kämen jedes Jahr zum Wandern und Klettern. Gut, dachte ich, warum nicht, kann man ja locker angehen, muss ja nichts weiter bedeuten. Die beiden Jungs und Julie hatten schon auf mich gewartet, ich kam gerade vom Abendprogramm mit den Kids die Treppe runter ins Foyer … und da war der Moment. Es gab ihn wirklich, diesen Moment. Ich glaube nicht an „Liebe auf den ersten Blick", ich denke, das kann es nicht wirklich geben. Aber trotzdem habe ich da etwas gespürt, als ich Chris zum ersten Mal sah. Jedenfalls war ich neugierig auf diesen Menschen und wollte von Anfang an in seiner Nähe sein und ihn kennenlernen.

Das hat sich bis heute nicht geändert. In eine ganz andere Richtung liefen allerdings die Gedanken von Chris: „Die is nix!", war sein Standpunkt nach unserem ersten Abend. Julie ließ sich jedoch nicht entmutigen und hat einige weitere Aktionen organisiert, um uns zu ermöglichen, uns näher kennenzulernen. Mich musste sie nicht lange bitten. Julie hat Spieleabende für uns organisiert und sogar eine Party in Deutschland, damit wir uns nach der Tauernhof-Zeit nochmal sehen konnten. Durch ihre Aktionen sind wir uns tatsächlich nähergekommen. Natürlich wurde ich auch selbst recht aktiv und erfinderisch dabei, den Kerl um meinen Finger zu wickeln …

Unsere weitere Liebesgeschichte mussten wir dann selbst in die Hand nehmen und dabei gab es schon so einige Höhen und Tiefen … Aber wir müssen ganz klar zugeben: Wir wurden verkuppelt! Anfangs wollten wir uns das nicht so eingestehen, aber zwischenzeitlich freuen wir uns eigentlich daran. Und Jesus hat damals schon gewusst, wie ich später mal als Braut aussehen werde, am Arm des besten Mannes weit und breit!

On the point: Warum nicht offen sein für eine Verkupplung? Freunde wollen ja nur das Beste für einen, und wer weiß, vielleicht passt der Geheimtipp der Freundin tatsächlich wie die Faust aufs Auge? Mein Rat: sich über die Hemmschwelle trauen und sich einfach mal darauf einlassen. Und dann gucken, was passiert ...

Speeddating: Top oder Flop?

Eine weitere, häufig in den Köpfen als „Gehtjagarnichtaktion" verschrien ist das Speeddating. Ich hatte früher total Lust auf Speeddating. Leider gab es das nicht so häufig und auch nicht in meiner Nähe. Doch ich stelle mir das superlustig vor: Da treffen vielleicht so zehn Singlefrauen auf zehn Singlemänner, und dann lassen die sich auf ein Experiment ein, das bestimmt richtig viel Spaß macht ... Klar: Wenn man diese Sache bierernst angeht und mit großen Erwartungen ins „Rennen" geht, ist die Enttäuschung beinahe vorprogrammiert. Zum einen ist man auf einem Speeddating vielleicht selbst stark unter Druck und gar nicht die Person, die man sonst in ganz ungezwungener Atmosphäre und unter Freunden ist. Zum anderen kann man bei so einer Aktion natürlich absolut nicht davon ausgehen, dass man da den passenden Partner kennenlernt. Schließlich läuft man im Laufe seines Singlelebens vielen möglichen Kandidaten über den Weg, und da funkt es ja auch nicht immer. Warum sollte es dann also bei einem Speeddating passieren?

Aber: Wenn erst einmal die ganz falschen Erwartungen aus dem Weg geräumt sind, warum sollte man sich dann nicht auf so eine spaßige Sache einlassen? Ich kann mir vorstellen, dass es eine sehr witzige Erfahrung werden könnte.

Tipps für ein Speeddating:

- Es ist mehr ein Spiel als eine wirkliche Plattform, jemanden kennenzulernen.
- Begegne jedem Gegenüber mit Wertschätzung und Respekt.
- Wenn ein junger Mann über das Speedating hinaus gerne den Kontakt zu dir aufnehmen will, du aber von vornherein kein Interesse hast, sag ihm das klar, aber dennoch wertschätzend und schonend.
- Wenn es tatsächlich zu einer Begegnung kommt, die dein Gesprächspartner und du wiederholen wollt, ist es doch schön. Wer weiß, ob sich dann nicht tatsächlich aus einem lockeren Spiel etwas Ernsthaftes entwickelt?! Gott kann auf ganz unterschiedlichen Wegen Menschen zusammenbringen. Warum also nicht auch über ein spaßiges Speeddating?!
- Es gibt natürlich noch weitere Möglichkeiten, wie man auf originelle Art und Weise mit einem potenziellen Partner in Kontakt treten kann. Der Fantasie sind dabei keine Grenzen gesetzt! Warum nicht mal ein Single-Dinner veranstalten? In der Vorbereitungsphase treffen sich jeweils ein Mann und eine Frau, um gemeinsam einen Gang zuzubereiten. Zur Verspeisung stoßen dann weitere „Single-Pärchen" dazu, die ebenfalls je einen Gang zubereitet haben. Mit netten Menschen zusammen essen und sich dabei kennenlernen finde ich eine tolle Sache. Gemeinsame Aktivitäten, in denen man locker die anderen kennenlernen kann und zusammen Spaß hat, sind auf jeden Fall hilfreich. Wer weiß, auf welche interessanten Menschen man auf diese Weise trifft?

Er hat mich zu einem Date eingeladen.
Soll ich zusagen?

Die Einladung zu einem Date steckt in der Mailbox. Oder ist per Voicemail reingekommen. Was jetzt? Zusagen? Oder doch nicht? Zusagen? Schwierige Entscheidung. Doch warum eigentlich so zögerlich? Ich bin ein Fan davon, sich auch mal mutig auf eine Sache einzulassen, bei der man eben nicht gleich das Ende absehen kann. Auch wenn einem vielleicht die Nase des anderen nicht gefällt oder dieser ein etwas außergewöhnlicheres Hobby hat, sollte man die Sache nicht vorschnell abhaken. Warum sich nicht einfach auf das Date einlassen? Hinterher weiß man zum einen mehr über die Person und zum anderen kann man die Sache dann viel besser bewerten. Ich finde, einen Kaffee mit jemandem zu trinken tut nicht weh und ist die Sache allemal wert. Mir fällt auf, dass Singlefrauen da häufig gehemmt sind und sich zuerst 1001 Gedanken machen. Dabei steht frau sich da vielleicht selbst im Weg.

Ich persönlich habe mich immer wieder mal mit jungen Männern gedatet, zum Beispiel, wenn ich mich irgendwo nett verquatscht hatte oder sonst irgendwie einen interessanten Typen kennengelernt hatte. Auch wenn natürlich nicht aus allen Dates was geworden ist (was auch gut ist!), verbuche ich diese Treffen im Nachhinein als schöne Nachmittage. Ihm und mir wurde dadurch klarer, ob die Chemie zwischen uns stimmt und ob wir so ein Treffen gerne wiederholen möchten. Bei einem Date zum Beispiel hatte ich mit einem Typen nur wenige Minuten am Bistrotisch einer Gemeinde geplaudert – und zack, schon hatte ich auf Facebook eine Einladung von ihm. Habe zugesagt. War ein netter Nachmittag.

Auch wenn ich, was Dates angeht, recht locker bin, ist es mir wichtig, an dieser Stelle zu betonen, dass man sich nicht leichtfertig in Gefahr begeben sollte. Ist ja (wenn man das jetzt mal objektiv betrachtet) nicht ganz ungefährlich, eine Person, die man kaum kennt, zu treffen. Da ist es natürlich hilfreich, wenn man jemanden kennt, der „ihn" kennt, um nicht in brenzlige Situationen zu geraten. Wahrscheinlich sollte man auch auf sein Bauchgefühl hören, wenn es zu einem Date kommt. Oder die Person vorher per Chat, Mails und Telefonate besser kennenlernen, wenn man sie noch nicht von Angesicht zu Angesicht gesehen hat.

Ist es wirklich nötig, dass der Partner Christ ist?

Spätestens, wenn man 30 ist, merkt man, dass es tolle christliche Solomänner leider nicht wie Sand am Meer gibt. Viele sind vergeben. Einige andere wollen sich nicht binden und genießen ihr freies Leben. Oder sind ein wenig seltsam und in ihren Strukturen recht festgefahren. Was tun? Würde man den Radius erweitern und auch Nichtchristen als potenzielle Kandidaten wahrnehmen, gäbe es auf einen Schlag unendlich viel mehr Singlemänner. (Interessant ist, dass es unter nichtchristlichen Singles in der Altersgruppe bis 49 Jahren mehr Singlemänner als -frauen gibt[11] – im Gegensatz zu christlichen Singles, da ist es eher umgekehrt.) Da stellt sich schon die Frage, ob man nicht auch unter „säkularen" Singlemännern gucken soll – oder ob man das Singledasein einfach in Kauf nimmt. Sätze wie „Zieht nicht am

....

11 Siehe http://de.statista.com/statistik/daten/studie/286 810/umfrage/umfrage-in-deu tschland-zur-anzahl-der-singles-nach-geschlecht/ (zuletzt aufgerufen am 27.10.2015)

fremden Joch mit den Ungläubigen" (2. Korinther 6,14) werden in diesem Zusammenhang gerne zitiert (und oft überstrapaziert). Aber egal, wie man den Vers aus dem Korintherbrief nun versteht: Ich persönlich finde, dass sehr viel dafür spricht, sich für einen christlichen Partner zu entscheiden. Gerne möchte ich einige Punkte erwähnen, die dich zum Weiterdenken anregen sollen. Dabei möchte ich aber nicht schwarz-weiß denken und die Wahl für einen Nichtchristen verteufeln. Vielmehr will ich dich dafür sensibilisieren, wie wertvoll eine Beziehung zu einem Mann ist, der Jesus liebt und ihm folgt. Und dass es sich lohnt, dafür auch (vielleicht) länger zu warten.

- Der Glaube an Gott zieht sich durch mein gesamtes Leben. Er prägt meine Zukunftsvorstellungen, meinen ganz normalen Alltag, meine Gedanken und auch meine Werte.
- Ich möchte immer wieder bereit sein, auf Gottes Stimme zu hören und ihm dorthin zu folgen, wo er mich haben will. Wenn ich mich nach Gottes Willen für mein Leben ausstrecke, dann kann es in einer Beziehung zu einem ungläubigen Partner zu kritischen Momenten kommen, weil dieser meine Entscheidungen vielleicht gar nicht nachvollziehen kann und damit überfordert ist, weil er selbst nach ganz anderen Maßstäben lebt.
- Es ist mein großer Wunsch, dass ich irgendwann, wenn ich verheiratet bin und Nachwuchs da ist, gemeinsam mit meiner ganzen Familie Jesus liebe. Und dass Jesus ganz viel Raum in unseren Herzen und in meiner Familie gewinnt. Ich wünsche mir, dass das auch Auswirkung auf andere Menschen hat, dass andere bei uns zur Ruhe kommen und Gottes Liebe

wahrnehmen können. Ich möchte gerne eine Hoffnungsträgerin sein, durch die Gottes Liebe zu anderen Menschen fließen kann. Da wäre es äußerst hilfreich, wenn mein Partner die gleiche Vorstellung vom Leben hat.

- Natürlich kann es sein, dass ich einen so toleranten Mann treffe, der mir alle Freiheiten gewährt, um meinen Glauben ausleben zu können. Dennoch kann er vielleicht meine Gedanken rund um das Thema Glauben und meinen Wunsch, für andere Menschen da zu sein, nicht nachvollziehen. Auch meine Lebensziele, die eben nicht in erster Linie berufliche Karriere und Selbstverwirklichung sind, könnten möglicherweise mit den Zielen meines Partners kollidieren.

- Mein Zuhause soll ein Ort sein, wo ich meinen Glauben nicht rechtfertigen muss. Der Glaube an Gott soll vielmehr die Basis sein, auf der unsere Beziehung sich entfaltet.

- Ich lege großen Wert darauf, dass (wenn ich Mutter werden sollte) meine Kinder christlich erzogen und hierin durch *beide* Elternteile stark geprägt werden. Es liegt natürlich in der Hand des Kindes, ob es auch selbst irgendwann anfängt zu glauben und Jesus zu folgen. Doch ich glaube, dass es durch das Vorleben der Eltern sehr viel mitnimmt und dass die Eltern zu großen Stücken wegweisend sind für das Kind. Natürlich kann es auch von einem Vater, der nicht an Gott glaubt, eine Menge fürs Leben lernen. Doch wichtiger als alle Überlebenstipps und Ratschläge ist die lebendige und authentische Beziehung zu Jesus Christus, die dem Kind vorgelebt wird. Das will ich meinen Kindern nicht vorenthalten!

- Krisen meistern ist eine Disziplin im Leben, die immer wieder vorkommen wird. Es gibt kein Leben ohne Probleme. Die

Frage ist immer, wie ich mit Problemen umgehe. Manchmal gibt es bei Schwierigkeiten und Fragen nicht unmittelbar eine Lösung. Da muss man einfach warten und Geduld haben. In diesen Momenten, die alleine häufig schwer zu stemmen sind, wünsche ich mir, dass mein Partner mit mir gemeinsam betet und mit mir die Schwere der Situation aushält und bei Jesus Christus abgibt. Der Glaube an Gott kann dann sogar in schweren Zeiten Leichtigkeit schenken.

- Die Lebensgestaltung wird durch den Glauben stark geprägt. Konkret gesehen bedeutet mir der Vers aus Matthäus 6,33, „Trachte zuerst nach dem Reich Gottes und nach seiner Gerechtigkeit; so wird dir alles andere zufallen", sehr viel. Das gilt für das Singledasein und genauso für eine Ehebeziehung. Wie könnte ich diesen Vers mit meinem ungläubigen Ehepartner zusammen leben? „Ich aber und mein Haus wollen dem Herrn dienen", heißt es in Josua 24,15. Das ist ein Statement, das Josuas feste Überzeugung und seinen Wunsch auf den Punkt bringt. Und das ist auch mein Wunsch. Ich finde es wichtig, dass ein Ehepaar bzw. eine Familie sich von Gott gebrauchen lässt.

Eine meiner Freundinnen, deren Partner längere Zeit kein Christ war, sagte einmal zu mir: „Mir war immer wieder bewusst, dass ich meinen Freund nicht mehr sehen werde, wenn er bei einem Autounfall ums Leben kommt. Ich wusste, dass er dann nicht bei Gott sein wird. Diesen Gedanken fand ich immer so schrecklich!"

Vielleicht ist dieser Punkt tatsächlich der folgenschwerste von allen: die Tatsache, dass man nicht dasselbe Ziel im Blick hat und man die Ewigkeit eben nicht zusammen verbringen wird. Aber auch, wenn so viele Punkte für einen christlichen Partner sprechen, Gott ist und bleibt ein Gentleman. Er gibt uns durch die Bibel Ratschläge und Empfehlungen für unser Leben, schenkt uns aber auch die Freiheit, selbst eine Entscheidung zu treffen. Nur sollten wir uns über die Tragweite dieser Entscheidung im Klaren sein.

Ist eine Liste mit Eigenschaften von meinem Traumpartner hilfreich für meine Partnerwahl?

Meine Antwort: ja und nein. Generell finde ich es wichtig, dass man mal auf den Punkt bringt, was einem beim Partner bedeutsam ist. Man sollte sich schon mal darüber klar werden, auf welche Dinge man auf keinen Fall verzichten und in welchen Bereichen man keine Kompromisse eingehen will. Aber natürlich bleibt die Frage, was ich genau in meine „Liste" eintrage und wie detailliert und konkret meine Vorstellungen über meinen Partner sind. Hat er schon keine Chance bei mir, wenn er nicht so gerne Erdbeer-Milchshake trinkt wie ich? Oder wenn er keinen besonderen Musikgeschmack hat, mir aber gerade Musik so wichtig ist? Das wäre fatal. Wir werden niemals einen Partner finden, der exakt so ist, wie wir uns das in unseren Träumen vorgestellt haben. Das ist nun mal die Realität. Auch wenn die Hauptdarsteller in Nicholas-Sparks-Filmen scheinbar makellos, charmant, romantisch und leidenschaftlich daherkommen und der perfekten Beziehung nichts mehr im Wege zu stehen scheint, ist es eben immer nur eine ausgedachte Geschichte, ein Film. Das wahre Leben ist anders. Da wäre es absurd, mit einer solchen verklärten Vorstellung den Partner ausfindig machen zu wollen.

Mir persönlich ist es schon immer wichtig gewesen, offen für Gottes Geschichte in meinem Leben zu sein. Und da kann es natürlich passieren, dass ich erst viel später als erhofft meinen Zukünftigen kennenlerne. Oder ich mit einem Mann zusammenkomme, mit dem ich es mir früher niemals vorstellen konnte.

Der Clou an Partnersuche ist meiner Meinung nach, dass man selbst gar nicht genau weiß, wer denn eigentlich tatsächlich zu einem passt. Das erfährt man im Grunde erst dann, wenn man der Liebe eine Chance gibt. Und sich auf jemanden einlässt, auch wenn er nicht alle dreißig Punkte auf der Liste erfüllt. Ich selbst habe auch mal so eine Liste geschrieben. Mein letzter Freund erfüllte die Liste in vielen Punkten. Während unserer Beziehung fielen mir darüber hinaus weitere tolle Eigenschaften an ihm auf, an die ich beim Schreiben der Liste gar nicht gedacht hatte. Das fand ich sehr cool! Trotz allem sollte man aber in den Blick nehmen, ob man damit zurechtkommt, dass der Partner einige der gewünschten Eigenschaften nicht hat, oder ob man deshalb immer wieder an seine eigenen Grenzen stößt. Mit jeder Beziehungskiste ändert sich in gewisser Weise auch die Vorstellung bezüglich einer Partnerschaft. Durch die eigenen Erfahrungen weiß man meist noch genauer, was einem wichtig ist und worauf man auf gar keinen Fall verzichten will. Das Auge wird geschärft und man achtet auf weit mehr Details als vorher. Klar macht es das Ganze nicht einfacher. Aber wie gut, dass Gott seine Finger im Spiel hat: Er wird mir eine Beziehung schenken, die in die Ehe mündet – wenn sie für mich dran ist. Genauso wie er auch dich mit einer tollen Beziehung beschenken wird, die in eine Ehe führt – wenn es für dich dran ist.

Wie ähnlich muss der Traummann sein?
Sind Gegensätze hilfreich oder nicht?

Über diese Frage wurde schon häufig kontrovers diskutiert. Wenn ich bei Google „Gegensätze ziehen sich an" oder „Gleich und gleich gesellt sich gern" eingebe, bekomme ich sage und schreibe 3 850 000 Treffer angezeigt. Es haben schon unendlich viele Leute darüber gebrütet, was denn nun stimmt. Die weitverbreitete Meinung in Magazinen ist: Auch wenn anfangs häufig das Unbekannte interessant und anziehend wirkt, setzt sich auf Dauer eher das Gleiche durch. Aber ich stelle mir hier die Frage: Was ist denn mit Unterschieden gemeint? Der Charakter? Die Interessen? Die Weltanschauung? „Unterschiede" ist ein sehr weiter, dehnbarer Begriff, der näher erläutert werden müsste.

Wenn man sich mit Leuten unterhält, hat natürlich jeder seine eigene Brille auf, durch die er das Leben betrachtet. Ich war zuletzt mit einem Mann zusammen, der auf den ersten Blick deutlich anders war als ich es bin. Während ich recht extrovertiert bin und gerne stundenlang quatsche, war er eher introvertiert und gerne auch einfach mal ruhig. Ich reise sehr gerne und entdecke das Leben. Er machte das auch gerne, war aber noch lieber zu Hause. Wenn er Freizeit gestalten wollte, war sein erster Gedanke „Sport und Bewegung". Wenn ich einen Tag besonders toll gestalten will, denke ich eher an ein idyllisches Café in der Altstadt. Du merkst, es gibt durchaus Konflikte, die gar nicht so einfach zu lösen sind. Natürlich hatte ich mir schon häufig die Frage gestellt: Geht es vielleicht auch einfacher? Sind wir tatsächlich zu unterschiedlich? Diese Fragen hatten mir so einige schlaflose Nächte bereitet, weil ich immer und immer wieder darüber nachdachte und einfach zu keinem Ergebnis kam. Aber durch die Beschäftigung mit diesem Thema und viele gute Gespräche fand ich dann für mich erstmals die Antwort: Es gibt in jeder Paarbeziehung Unterschiede. Natürlich kann man sich hinsetzen, einen Zettel zücken und anfangen, sämtliche Unterschiede aufzuschreiben – und daneben die Gemeinsamkeiten, um anschließend eine gute Entscheidung treffen zu können. Ich habe das auch versucht. Dabei ist mir allerdings klar geworden: Liebe zu meinem Partner ist viel mehr als möglichst viele Übereinstimmungen im Charakter und in der Lebensweise. Liebe ist, zu jemandem entschieden Ja zu sagen, und das Hintertürchen, vielleicht der Sache doch ein Ende zu bereiten, zuzuschließen. *Ja* zu der Person, so wie sie ist. Und mir ist klar geworden: Man wird die ganze Beziehung hindurch immer wieder mit Gegensätzen konfrontiert, und man muss daher stets neu eine Lösung finden.

Das sehe ich jetzt, nach dem Ende dieser Beziehung, immer noch so, aber heute würde ich ergänzend hinzufügen: Wenn allerdings die Unterschiede zu krass sind und man zu viele Kompromisse in vielen Lebensbereichen machen muss, sollte man sich das Ganze noch einmal gut überlegen. Ich denke, dass es nichts bringt, wenn das Miteinander aufgrund der Unterschiede immer wieder recht schwierig ist. Wie „zu viele Unterschiedlichkeiten" genau zu definieren ist, muss jeder für sich selbst beantworten. Es kann manchmal eine lange Zeit dauern, bis man für sich tatsächlich eine Entscheidung getroffen hat, ob es mit dem Partner langfristig klappt oder nicht. Das ist ganz und gar nicht einfach. Da spreche ich aus Erfahrung. Ich habe nach rund zwei Jahren diese Beziehung beendet, weil mir erst nach diesen vielen Monaten wirklich klargeworden war, dass mir die

Unterschiede in grundlegenden Dingen zu groß sind. Manchmal braucht es eben diese Zeit. Ich möchte noch einmal unterstreichen: Natürlich ist es wichtig, mit Unterschieden umgehen zu können und Kompromisse zu machen. Aber eben nur bis zu einem gewissen Punkt. Wenn es immer wieder wehtut, sollte man ehrlich mit sich selbst sein und die Entscheidung treffen, die langfristig gesehen die bessere ist.

Meiner Meinung nach bleibt es eben trotz kompetenter Psychologen und Paarberater ein Geheimnis, warum sich zwei Menschen ineinander verlieben und sich toll finden. Wenn dann aus der Verliebtheit Liebe wird und man ein klares Ja für den Partner im Herzen trägt, zudem sich beide mit den Gegensätzen und Gemeinsamkeiten gut aufeinander einstellen können, dann ist es doch ein großes Geschenk. Dieses klare Ja und die bewusste Entscheidung füreinander ist die Basis, auf der die Beziehung sich entfalten und wachsen kann. Und wo eine klare Entscheidung gefällt worden ist, gibt es in den meisten Fällen auch einen Weg. Ich möchte dir also Mut machen, auch wenn der andere scheinbar nicht hundertprozentig passt. Wenn die Kommunikation stimmt, können Unterschiede sogar dafür sorgen, dass die Beziehung intensiver und inniger wird und wächst.

Gebet für einen Partner

Himmlischer Vater,
du weißt, dass ich recht unsicher bin, wenn es um die Frage
nach meinem zukünftigen Partner geht. Manchmal denke
ich, du willst, dass ich alleine bleibe. Und dann will ich mich

mit diesem Gedanken anfreunden und mein Leben fröhlich als Single gestalten. Aber an anderen Tagen denke ich wiederum, dass ich doch den Traum nach Beziehung und einer Familie in meinem Herzen trage und ich mir nichts lieber wünsche, als dass ich einen tollen Partner an meiner Seite habe. Ich will mit ihm gemeinsam das Leben feiern und gemeinsam mit ihm für dich unterwegs sein. Ach Gott, bitte schenke mir doch endlich einen Partner, der zu mir passt! Du, Gott, bist doch auch der Erfinder von Beziehungen. Da müsste es doch für dich keine große Sache sein, mir einen Partner zu schenken ...

Bitte schenke mir immer wieder neue Hoffnung und neuen Mut, dich mit meinem Wunsch nach Beziehung zu bestürmen. Danke, dass dir meine Wünsche nicht egal sind und du dich darüber freust, wenn ich dich in meine Fragen und meine Sehnsucht einbeziehe. Vater, es macht mich froh zu wissen, dass du mich durch und durch kennst. Ich will mich und meine Sehnsucht nach einem Partner immer wieder in deine Hände legen und daran festhalten, dass du es gut mit mir meinst und du einen wunderschönen Weg mit mir gehst.

PS: Und bitte gib mir auch einen Stups, wenn ich selbst mal locker mit jemandem ins Gespräch kommen soll. Amen.

Puh, es hat mich erwischt! Und nun?

Wenn man sich nicht mehr wehren kann,
dann ist es Liebe.

Martin Viertel

Lieber ...,
irgendwie gehst du mir gar nicht aus dem Kopf. Ich denke an dich, während ich auf der Arbeit sitze. Ich denke an dich, während ich laufen gehe. Halt die ganze Zeit. Oh man, bin ich verliebt!

Das schrieb ich wenige Tage, nachdem ich von einer Teenagerfreizeit zurückgekommen war, in mein Tagebuch. Schon auf der Busfahrt nach Spanien hatte ich mich unsterblich in *ihn* verknallt – einen anderen Mitarbeiter. Ich konnte es nicht verhindern, dass gefühlt 1000 Schmetterlinge in meinen Bauch einzogen, um darin für lange Zeit zu bleiben. Für mich als Gefühlsmensch deckt so ein starkes Gefühl wie Verliebtheit alles andere ein. Alles bekommt einen epischen Filter, jedes Gefühl verstärkt sich zehnfach. Wie soll sich da einer noch auf die Bibelarbeiten und auf die Teilnehmer konzentrieren können? Aber für sie habe ich mich doch vorbereitet und deswegen bin ich doch gerade in Spanien! Eine verfahrene Situation. Und während man die vielen Glücksgefühle genießt und sich selbst wie eine Hauptprotagonistin in einem herzerwärmenden und überaus schnulzigen Liebesfilm fühlt, der, wie man hofft, natürlich ein Happy End haben wird, ist der kalte Wind der Realität auch nicht weit. Die Zweifel kommen und versuchen, das Wunschdenken aus der Gedankenwelt zu ziehen. Die gesunde Skepsis wird wach. Sie schaut den vielen Schmetterlingen in die Augen, um realistisch die Entwicklung zwischen ihm und mir zu analysieren und zu erspüren. Man fängt an, Sätze des anderen zu deuten und überall die kleinsten Signale zu erkennen: Mal sprechen sie für die Romanze mit Happy End, mal für das Drama eines zerplatzten Traumes. Und immer wieder der Versuch, alles cool abzuschütteln und sich selbst einreden zu wollen: Verliebt? Ich doch nicht. Und nein, ich habe keinen einzigen Babyschmetterling in meinem Bauch. Alles easy, alles locker. Oh Mann! Verliebt sein kann echt schön und gleichzeitig anstrengend sein. Vielleicht weißt du, wovon ich spreche …

Aber es war, wie es war: *Er* hat mich einfach umgehauen. Er war so ein „alter Hase" in der Jugendarbeit und das absolute Genie, wenn es um Spiele in Freizeiten ging. Vom Temperament war er eher etwas ruhiger und konnte gut zuhören. Seine hingegebene Art, sich für Jugendliche zu engagieren, war unübertrefflich. Und wenn es dann die Situation anbot, überraschte er mit einem Wortwitz, der jeden zum Lachen brachte. Sein Humor war unvergleichlich. Von Anfang an fühlte ich mich in seiner Gegenwart sehr wohl. Er hatte so etwas Warmes und Einladendes an sich. Ich genoss es sehr, Zeit mit ihm zu verbringen. Die konstante und immer ausgeglichene Art von ihm faszinierte mich. Wir verstanden uns richtig gut und immer wieder gab es Gelegenheiten, wo wir Zeit zum Plaudern hatten. Bestand von seiner Seite aus auch Interesse? Beruhte die ganze Sache mit der Liebe auf Gegenseitigkeit? Das konnte ich leider auch nach der Freizeit nicht klar deuten. Auf der Heimfahrt fragte er nach meiner Handynummer, was ja schon ein positives Signal dafür war, dass er mich nett fand und auch über die Freizeit hinaus mindestens freundschaftlichen Kontakt mit mir halten wollte. Tja. Und nun begann das Bangen, das Hoffen und das Warten. Worauf? Das irgendetwas passiert … Dass er sich meldet … Signale sendet. Wahrscheinlich hast du das ja auch schon erlebt. Es ist wirklich schwer, diese Spannung auszuhalten. Und ich wünschte, ich hätte jetzt ein Rezept parat, mit dem man alles einfacher machen kann.

Letztendlich muss jeder Verliebte diesen Weg zwischen Hoffnung und Angst, zwischen Loslassen und Vertrauen zu Gott selbst gehen. Niemand anderes kann das für einen erledigen. Das bleibt die persönliche Challenge! Doch wie füllt man diese spannungsreiche Zeit? Was sollte man tun und was lieber nicht? Passiv bleiben oder aktiv werden? Welche Signale sind zu viel und was geht gerade noch so? Ach, wer kennt das nicht: die ständig kreisenden Gedanken. Das ständige „sich mit Freundinnen bereden, was man als Nächstes tun sollte". Um dann doch wieder alles zu verwerfen und alles wieder neu zu denken …

Zunächst ist ein Faktencheck äußerst wichtig. Sicherheitshalber macht man den zusammen mit Freundinnen, weil man mit seiner rosaroten Brille wahrscheinlich immer wieder auf dasselbe Ergebnis kommen würde.

Meine erprobte Vorgehensweise sieht so aus: Zunächst ist ein Faktencheck äußerst wichtig. Sicherheitshalber macht man den zusammen mit Freundinnen, weil man mit seiner rosaroten Brille wahrscheinlich immer wieder auf dasselbe Ergebnis kommen würde.

Ist der junge Mann wirklich jemand, mit dem ich mein ganzes Leben teilen will? Passen seine und meine Sicht auf Gott und Glauben zusammen? Gibt es generell Projekte und Dinge, die uns beide begeistern? Bei *ihm* kam ich da schnell auf den

Punkt, dass wir von den äußeren Bedingungen her sehr gut passen könnten. Er und ich teilen beide die Leidenschaft für Jugendliche und engagieren uns beide in der Jugendarbeit. Er und ich können sich ein Leben ohne Gott nicht denken. Da ich die Einstellung habe, dass Gott mir persönlich eine gute Entscheidung zutraut und ich daher nicht vorherbestimmt die eine Person in meinem Leben finden muss, kam ich also schnell zum Schluss, dass *er* tatsächlich ein guter Partner für mich wäre.

Bei allem Denken und Beten und Überlegen rund um *ihn* war mir immer sehr bewusst und wichtig, dass ich seine Liebe niemals erzwingen oder irgendwie produzieren kann. Liebe ist immer eine freiwillige Sache und muss ganz natürlich im Herzen von beiden entstehen. Und daher war genau das die tägliche Herausforderung in meiner Schwärmphase: Gott meine Liebesgeschichte in die Hände zu legen. So oft habe ich Gott darum gebeten, innerlich ruhig zu werden und nicht aus Angst vor dem ausbleibenden Happy End zu verkrampfen. Manchmal hat es gut geklappt und ich fühlte, dass Gott meine Angst wegnahm und ich vertrauen konnte. Manchmal war ich auch sehr traurig und machte mir viele Sorgen, weil ich Angst davor hatte, dass aus *ihm* und mir nichts wird. Immer wieder habe ich gebetet. Und Tagebuch geschrieben:

Lieber …,
kann gerade absolut nicht schlafen, weil ich nur an dich denke. Oh Mann! Verliebt sein ist auf der einen Seite so schön und so prickelnd. Auf der anderen Seite tut das so weh und raubt den Schlaf. Man weiß nicht, was passieren wird und muss einfach nur Vertrauen in Gott haben. Aber es ist so gut, dass Jesus alles weiß.

Da will ich mich ihm ganz bewusst anbefehlen. Er soll das Thema so führen, wie es gut für mich ist.

Neben dem Schreiben habe ich mich mit guten Freundinnen über die Sache ausgetauscht und unterhalten. Das hat mir immer wieder geholfen, die Sache mit *ihm* abzugeben und Gott zu vertrauen. Vertrauen ist die größte Herausforderung, der wir uns täglich stellen müssen. Doch je mehr wir lernen zu vertrauen, umso stärker werden wir. Gerade dieser kleine Schritt zwischen Angst und Vertrauen ist der Schritt, der uns freimacht. Und dadurch wächst unser Glauben an Gott.

Drei Tage, bevor *er* und ich dann zusammengekommen sind, habe ich folgende Gedanken in meinem Tagebuch verfasst:

Das Geheimnis ist: ein Leben im Vertrauen auf Gott zu führen. Mutig nach vorne zu gehen in dem tiefen Bewusstsein, dass Gott es gut meint, und einfach alles, was man für den nächsten Tag benötigt, schenken wird. Wir sollen lediglich unsere Hände aufhalten, damit Gott sie füllen kann. Mit dem, was für uns dran ist. Wir sind zur Freiheit berufen. Nichts darf uns festhalten und nichts darf uns einengen! Wir sind durch Jesus frei und dürfen diese Freiheit genießen und leben: ausgiebig und leidenschaftlich. Jesus selbst ist unsere Freiheit.

Immer wieder hat es mich herausgefordert, an Gott den Stift abzugeben. Mir war in der ganzen Sache immer klar, dass Liebe Zeit zum Wachsen braucht. Ohne meine Unterstützung. Wenn *er* sich tatsächlich irgendwann in mich verlieben sollte, würde das in seinem Herzen passieren müssen.

Gut ein halbes Jahr nachdem ich mich in *ihn* verliebt hatte, sind wir zusammengekommen. Über zwei Monate hatten wir einen regelmäßigen E-Mail-Austausch und haben uns dadurch besser kennengelernt. Während dieser Phase war für mich allerdings nicht klar, ob *er* Interesse an mehr als nur einer bloßen Freundschaft hat oder nicht. Immer wieder war ich herausgefordert, meine Lovestory an Gott abzugeben und darauf zu vertrauen, dass er alles in seiner Hand hat. Einmal hatten wir total aneinander vorbei kommuniziert, und ich schloss aus diesem Missverständnis, dass er kein Interesse an mir hat, habe geheult wie ein Schlosshund und gemeinsam mit einer Freundin gebetet. Und dann traf ich die Entscheidung, dass ich das ganze Beziehungsding an Gott abgeben will. Fast von einem Moment auf den anderen war ich frei von dem Hoffen und Warten. Ich fühlte endlich wieder ganz neue Freiheit – es tat so gut! Es war, als hätte ich den Hebel umgelegt: Plötzlich dachte ich nicht mehr ständig an *ihn* und hatte endlich wieder den Kopf frei für mein Leben. Ganze zwei Monate war *er* nicht mehr präsent für mich. Einige Tage vor Weihnachten fiel mir wieder ein, dass wir den Glühweingutschein, den ich ihm zum Geburtstag geschenkt hatte, noch nicht eingelöst hatten. Und da dachte ich, ich könne ihn ja mal vorsichtig fragen, ob er Lust hätte … Ansonsten würde der Gutschein halt verfallen. Ehrlich gesagt habe ich nicht groß dran geglaubt, dass er Bock darauf hätte, und mir selbst lag jetzt auch nicht sehr viel an dem Treffen. Doch tatsächlich: Das Treffen kam zustande und es war einfach nur toll! Die Schmetterlinge, die ganze zwei Monate weggeflogen waren, kamen alle wieder zurück … Ich hatte gedacht, dass er mir mittlerweile gleichgültig ist und mir nichts mehr an ihm liegt. Doch es änderte sich bei diesem Treffen schlagartig. Und wie schön: Diesem Treffen folgten viele weitere Verabredungen. Immer wieder war mir bewusst, dass das Ganze kein Selbstläufer ist und sich jederzeit einer von uns beiden gegen eine Beziehung entscheiden könnte. Die Dates waren ja noch kein Garant für eine Beziehung. An einem unserer Treffen (in einem Café) hatte ich das Gefühl, dass der gespannte Bogen reißen muss. Ich konnte es nicht mehr aushalten und war es leid, zu warten und zu hoffen. Und so bin ich kurz auf die Toilette gegangen, um alleine zu sein. Bevor ich wieder an unseren Tisch gegangen bin, sprach ich ganz tief aus meinem Herzen heraus folgendes kurzes Gebet: „Jesus? Ich kann und will die Spannung nicht mehr aushalten müssen. Es geht einfach nicht mehr. Komm, wir lassen das Ganze. Das Thema muss auch mal zu Ende sein." Innerlich gelöster ging ich zum Tisch zurück. Ich setzte mich hin und war einfach ruhig. Und dann kam das, was ich in diesem Moment am wenigsten erwartet hätte: Er fragte mich, ob ich seine Freundin werden will. Innerlich schossen mir plötzlich so viele Gedanken durch den Kopf. Hatte ich doch eben gedacht, dass die Sache erledigt ist. Und nun so was. Was soll ich antworten? Aber irgendwie war der Gedanke klar in meinem Kopf: *So, Nelli, und jetzt spring! Lass dich auf die Beziehung ein und gib ihr eine Chance.* – Wow, wenn ich daran denke, kriege ich heute noch Gänsehaut. Das war ein echt sehr mutiger, aber auch unglaublich schöner Moment!

Wir waren genau ein Jahr und acht Monate zusammen. Es war eine für mich sehr wertvolle Zeit, in der wir gemeinsam für unsere Liebe gekämpft haben und auch unsere Beziehung genießen konnten. Wie ich schon erwähnt habe, hat die Verbindung leider nicht gehalten, weil wir zu unterschiedlich waren.

Aber eine Beziehung ist ja dafür da, sich kennenzulernen, sich als Paar einzuspielen und dann zu entscheiden, ob man das Leben miteinander verbringen will. Auch wenn die Beziehung auseinandergegangen ist, bereue ich sie nicht. Im Gegenteil: Ich bin Gott dankbar für diese Zeit, die mich positiv geprägt hat. Ich bin dankbar für die Erfahrungen, die wir gemeinsam machen durften. Ich habe gelernt: Eine Beziehung ist ein Weg, auf dem man lernt, sich selbst zurückzustellen und den anderen so zu lieben, wie er ist.

Eine Beziehung ist ein Beschenktwerden und ein Sich-Verschenken an den anderen.

Eine Beziehung fordert heraus und bringt einen an Grenzen. Gleichzeitig ist sie auch ein Ankommen und ein Nachhausekommen.

Und: Auch in einer Beziehung braucht es viel Vertrauen in Gott; das Vertrauen darauf, dass er die Beziehung stärkt und dabei hilft, sich aufeinander einzulassen und sich trotz Gegensätzlichkeiten zu lieben.

Genauso wie das Singlesein seine Herausforderungen hat, so hat auch das Leben in einer Beziehung seine Herausforderungen.

So leicht, wie Verliebtheit manchmal entsteht, so viel kostet auch die Liebe. Liebe ist, sich dem anderen hinzugeben, und das Risiko einzugehen, dass er mich verletzen und fallen lassen kann. Ich persönlich musste in meiner letzten Beziehung erst wieder lernen zu vertrauen, und die große Angst loslassen, dass mein Freund mich fallen lassen würde. Negative Erfahrungen, die ich in früheren Jahren gemacht hatte, hatten mich sehr vorsichtig gemacht, und damit fiel es mir lange Zeit schwer, seinen

Worten und seiner Liebe auch zu vertrauen. Immer wieder hatte ich seine Liebe zu mir auf den Prüfstand gestellt. Das hat lange Zeit unsere Beziehung blockiert und gebremst. Ich vermute, dass Vertrauen vielen Menschen schwerfällt, weil man schon einiges an Lebenserfahrung gesammelt hat und das Leben viel reflektierter anpackt als ein Teenager. Doch es geht kein Weg dran vorbei: Ängste muss man loslassen, wenn eine Beziehung wachsen soll. Was mir geholfen hatte, meinem Freund zu vertrauen, waren unterschiedliche Dinge: Das gemeinsame Erleben von schönen und schwierigen Zeiten hatte uns auf jeden Fall zusammengeschweißt. Aber auch die vielen Gespräche über Unsicherheit und offene Fragen in der Beziehung. Zu wissen, dass man ehrlich Gedanken aussprechen darf und der andere sie aushalten kann. Wir haben beide in dieser Frage gekämpft und uns auf die Reise gemacht, diese Stolpersteine aus dem Weg zu räumen. Wir haben uns mit Freunden darüber ausgetauscht. Ich habe viele Bücher gelesen und war mit meinem Freund im Gespräch darüber. Auch mit einer Seelsorgerin habe ich mich getroffen, um meinen eigenen Ängsten auf die Spur zu kommen und vieles mehr. In dem ganzen Prozess war natürlich Gott immer mittendrin. Er hat mich die ganze Zeit begleitet und mich immer wieder getröstet und ermutigt und motiviert.

Auch wenn die Beziehung nicht von Dauer war, so habe ich wieder neu gelernt, zu vertrauen und Ängste loszulassen. Durch die Beziehung hat Gott ganz schön viel in mir heil gemacht. (Auch wenn sich das vielleicht unlogisch anhört. Aber so empfinde ich das tatsächlich. Und das macht mich wirklich richtig dankbar! ☺)

Ich erlebe es so, dass gerade die Sache mit der Liebe mein Vertrauen in Gott ganz schön herausfordert. Sowohl in meiner Singlezeit als auch in den Zeiten, in denen ich eine Beziehung hatte. In der Beziehung habe ich mir immer wieder die Frage gestellt: „Wird er mich wirklich immer lieben?" Als Single war und ist meine Frage: „Bekomme ich einen Partner? Wird es endlich klappen?" Doch das Schöne in allen Herausforderungen und trotz ungelöster Fragen ist doch, dass wir in Momenten der Angst immer wieder zu Gott kommen und ihn bitten können, unsere aufgewühlte Seele ruhig zu machen und ihr Frieden zu schenken. Damit wir wie David Gott loben können: „Fürwahr, meine Seele ist still und ruhig geworden wie ein kleines Kind bei seiner Mutter; wie ein kleines Kind, so ist meine Seele in mir" (Psalm 131,2).

Gebet um Frieden in aufgewühlten Zeiten

Jesus,
in mir ist ein großer Wühltisch an Gefühlen. So viele Hoff-
nungsfunken, die sich in mir breitmachen. Ist er vielleicht
mein passendes Gegenstück? Kann es sein, dass er der Rich-
tige für mich ist? Doch immer wieder beschleicht mich auch
die Angst, dass es sowieso nichts werden wird. Das kenne
ich doch schon aus meinen anderen Geschichten. Warum
sollte es dieses Mal klappen? Warum sollte dieses Mal mein
Traum und meine Hoffnung wahr werden? Anstrengend!
Manchmal puschen mich meine Gefühle dermaßen und
dann will ich die Welt umarmen. Und das andere Mal bin

ich für nichts zu gebrauchen und will mich am liebsten verkriechen. Ach, hätte ich doch nur ein stärkeres Herz!

In dieser chaotischen Zeit, in der meine Gefühle so durcheinander sind, wird mir eine Sache sehr klar: Ich brauche dich, Jesus, als meinen Halt stärker als je zuvor. Du selbst kannst meiner aufgescheuchten Seele wieder zuflüstern, dass du sie liebst und alles im Griff hast. Du selbst kannst sie beruhigen und daran erinnern, dass du so viele gute Gedanken für sie hast und kreativ an der Lebensgeschichte schreibst. Nur du kannst ihr wieder Entspannung und Genuss in dir schenken. Tust du das? Ich bitte dich so sehr darum!

Nimm meine Angst und führe mich wieder in die Freiheit. Nimm meine Sorgen und lass du mich wieder fliegen. Nur du kennst jedes einzelne Gefühl von mir und verstehst es. Und weil du mich so gründlich kennst, kannst du, Gott, mir am besten Frieden schenken, der jede Vorstellung übersteigt. Amen.

Gott schreibt meine Lebensgeschichte

Das Leben ist eine Überraschungstüte.

Nelli Löwen

In meinen Augen bleibt es immer wieder ein Wunder, wenn sich zwei Menschen lieben und noch mehr lieben und so sehr lieben, dass sie bereit sind, ihr Leben miteinander zu teilen. gemeinsam alt zu werden. den Haushalt zu teilen, das Bett, das Konto. Liebe kann man nicht erzwingen. Es bleibt und ist ein Geschenk aus Gottes Hand.

Aber genauso wie Partnerschaft ein Geschenk von Gott ist, so ist auch das Singlesein ein Geschenk von ihm. Und das sollte man auspacken und feiern! Vielleicht fällt es dir gerade schwer, Gott für dieses Geschenk danke zu sagen. Du weißt gar nicht, warum du Single bist und bist da auch schon lange mit Gott im Gespräch, und fragst ihn, wieso er dir nicht bereits dein passendes Gegenstück vor die Nase gesetzt hat. Dir kommt es vor, als wären gerade alle deine Freundinnen verliebt und vergeben und nur bei dir selbst scheint sich nichts zu tun ...

Eine meiner Singlebekannten sagte mir neulich: „Das Singledasein ist für mich ein Geschenk Gottes, das ich eigentlich gar nicht annehmen will. Aber Gott ist weiser als ich. Also ist es klug, wenn ich mich dafür entscheide, dieses Geschenk anzunehmen. Mit meinem Ja zum Singlesein und meinem Ja zu Gottes gutem Plan für mich kann ich auch die Schönheit und die Möglichkeiten des Singleseins erkennen."

Ich finde diesen Gedanken genial. Genau dieser Schritt in das feste Vertrauen hinein, auch ohne alles zu verstehen, eröffnet eine ganz neue Sicht auf das Leben und hebt den Blick. Ich glaube, dass man erst dadurch die Schönheit des Singleseins erkennen kann. Weil man dann offen dafür ist, dieses göttliche Geschenk auch anzunehmen und seine schönen Facetten wertzuschätzen und zu genießen.

Letztendlich bleibt das Singlesein – wie auch die Beziehung und Partnerschaft – eine Überraschungstüte. Mal gibt es ein Bonbon: eine Phase oder auch besondere Momente, die zuckersüß und aufregend sind. Am liebsten möchte man diese Zeiten einfrieren und nicht vergehen lassen. Aber das geht nicht. Jedes Bonbon ist irgendwann gegessen. Jeder Moment ist vergänglich. Und dann kommen eben auch die Zeiten, in denen man einen „salzigen Hering" isst: Er schmeckt nicht. Man ist froh, wenn der Geschmack wieder von der Zunge ist. Last but not least gibt es auch die Zeiten dazwischen. Weder Bonbon noch salziger Hering. Diese Zeiten sind nicht sonderlich beglückend – aber auch nicht zum Davonlaufen. In den Phasen zieht der normale Alltag seine Bahnen. Das ist das normale Leben. Es spielt dabei keine Rolle, ob man in einer Beziehung steht oder solo unterwegs ist. In keinem Beziehungsstatus hat man automatisch im Glück geparkt. Aber auch nicht in der Trübsal oder in der Langeweile. Das Leben ist immer beides: schön und herausfordernd. Eine Überraschungstüte eben! Es kommt beim Entdecken der Tüte einzig und allein darauf an, dass ich diese mit festem Blick auf Gott annehme und mich auf den Inhalt einlasse. Er hat sie mir geschenkt und will dadurch mein Herz verändern und mich näher an sein Herz ziehen. Sofern ich das zulasse.

Ja, es ist und bleibt für viele Singles eine Herausforderung, mit Dankbarkeit Single zu sein. Aber ich glaube, dass jeder neue kleine Schritt ins Vertrauen Gott ehrt und ihn glücklich macht. Denn mit diesen Vertrauensschritten gestehe ich Gott ein, dass er alles im Griff hat. Ich gebe ihm den Freiraum, die Geschichte meines Lebens so zu schreiben, wie er es will. Das ist Hingabe! Und das ist Glauben! Ich persönlich habe immer wieder mal mit meiner Überraschungstüte gehadert. Singlesein als ein Geschenk von Gott sehen? Hm, schwierig. Aber Gott veränderte mich und machte mir immer wieder klar, dass er etwas Besonderes mit mir vorhat. Wenn ich Gott den Stift ganz bewusst in die Hand drücke, bin ich Teil seiner Geschichte. Er schreibt mit meinem Leben eine einzigartige Story, die nur ich erleben kann. Dabei ist er sehr kreativ; er kopiert kein Leben. Jede einzelne Geschichte schreibt er mit Sorgfalt, Liebe und Leidenschaft.

Vertrauen heißt ganz konkret, dass ich mir immer wieder auch bewusst mache, dass ich möglicherweise auch Single bleiben könnte. Dass es sein kann, dass ich einen Witwer, der vielleicht bereits Kinder hat, heirate. Dass es auch sein kann, dass ich für meinen Geschmack zu spät einen Partner finde. Immer wieder muss ich mich zu einem Ja durchringen. Immer wieder bewusst meine Ängste loslassen, um Freiheit zu erleben und mich nicht von Zukunftsfragen verrückt machen zu lassen. Ich will von Herzen offen sein für Gottes individuelle Geschichte mit mir.

Was auch immer Gottes Idee für dein Leben ist: Sein Wunsch ist es, durch deine Geschichte andere Menschen zu segnen. Durch sie soll seine Handschrift in deinem Leben sichtbar werden. Andere Menschen sollen dich kennenlernen, und durch deine Authentizität und deine Lebensfreude spüren, dass du dein Vertrauen fest auf Gott gesetzt hast und mit ihm gemeinsam dein Leben feierst. Vergiss niemals, dass du entspannt sein darfst. Gott meint es in jedem Moment gut mit dir. Er liebt dich und hat jeden Tag viel Gutes mit dir im Sinn. Dein Leben heute ist ein Geschenk von ihm an dich. Gott ist der intelligenteste, der kreativste und wortgewandteste Autor aller Zeiten. Mit dir hat er heute und morgen und übermorgen noch so viel vor. Deine Geschichte bleibt spannend!

Gebet für das persönliche Abenteuer mit Jesus Christus

Himmlischer Vater,
du selbst schreibst mit meinem Leben eine aufregende, einzigartige Geschichte. In meiner Vergangenheit hast du mich schon mit so vielen tollen Dingen beschenkt und gesegnet. Du hast mit so wunderschönen Farben mein Leben gestaltet. Dankeschön! Aber natürlich gab es auch Zeiten, die alles andere als leicht für mich waren: Erfahrungen, die mich verunsichert haben. Das waren eher dunkle Farben, die da in mein Leben geflossen sind. Doch teilweise kann ich schon erkennen, dass mich diese schmerzhaften Erfahrungen näher zu dir gezogen haben. Deswegen kann ich heute schon ansatzweise danke dafür sagen. Irgendwie ist es faszinierend zu sehen, wie du aus Zitrone Limonade machen kannst. Wahrscheinlich kann das keiner so gut wie du! Und deswegen will ich dir jetzt und heute auch sagen, dass ich mich dafür entscheide, dir weiterhin zu vertrauen. Jeden Tag will ich diese Entscheidung neu treffen. Ich glaube daran, dass du nur gute Gedanken über mich hast. Bitte überrasche mich immer wieder mit bunten Farben. Ich will erleben, dass du dich in meinem Leben zeigst und du mich immer wieder mit neuen Menschen und neuen Aufgaben überraschst. Danke, dass mein Leben mit dir ein Abenteuer ist. Amen.

Ungeküsst und doch kein Frosch

„Ein unbedingt lesenswertes Buch, das vor so mancher Enttäuschung bewahren kann."

Leserstimme

Unfreiwillig solo zu sein ist kein schöner Zustand ... oder vielleicht doch? Joshua Harris meint: Wozu sich im Beziehungszirkus abzappeln, wenn man sowieso erst in einigen Jahren „ernst machen" kann? Stattdessen könnte man die Zeit doch anders nutzen: sich ganz für Gott einsetzen, Persönlichkeit entwickeln, Verantwortung lernen – und damit auch reif für die ultimative Beziehung werden. Mit seiner direkten und ehrlichen Art zeigt Joshua Harris in seinem Bestseller, dass eine Solo-Karriere kein Unglück, sondern eine Riesenchance ist.

Joshua Harris • Ungeküsst und doch kein Frosch
Gebunden • 224 Seiten • ISBN 978-3-86591-394-4

Der Verlag weist ausdrücklich darauf hin, dass im Text enthaltene externe Links vom Verlag nur bis zum Zeitpunkt der Buchveröffentlichung eingesehen werden konnten. Auf spätere Veränderungen hat der Verlag keinerlei Einfluss. Eine Haftung des Verlags ist daher ausgeschlossen.

Verlagsgruppe Random House FSC®N001967

© 2016 Gerth Medien GmbH
in der Verlagsgruppe Random House GmbH
Dillerberg 1, 35614 Asslar
Die Bibelzitate wurden, wenn nicht anders vermerkt, folgender Übersetzung entnommen:
Gute Nachricht Bibel, Revidierte Fassung, durchgesehene Ausgabe in neuer Rechtschreibung. © 2000 Deutsche Bibelgesellschaft Stuttgart.
Außerdem wurde aus folgenden Übersetzungen zitiert:
Hoffnung für alle®, Copyright © 1983, 1996, 2002 by Biblica, Inc.®.
Verwendet mit freundlicher Genehmigung von fontis – Brunnen Basel
Neues Leben, © 2002, 2006 Hänssler Verlag im SCM-Verlag GmbH & Co.
KG, Holzgerlingen (NL)
Neue Genfer Übersetzung. Neues Testament und Psalmen,
© 2011 Genfer Bibelgesellschaft (NGÜ)

1. Auflage 2016
Bestell-Nr. 817094
ISBN 978-3-95734-094-8

Umschlaggestaltung: Hanni Plato
Umschlagfoto: Shutterstock
Lektorat: Verena Keil
Satz: Greiner & Reichel, Köln
Druck und Verarbeitung: GGP Media GmbH, Pößneck
Printed in Germany